충북대학교 교양문고

골프의 이론과 실기

THEORIES & PRACTICE OF GOLF

옥 광 지음

CBNU PRESS

책을 내면서...

스코틀랜드 초원의 목동들과 해안가 어부들을 통해 골프의 역사는 시작되었다. 한국에 골프가 소개된 것은 1897년 함경남도 원산항의 세관 관리로 고용된 영국인들에 의해 유목산 중턱에 6홀의 골프장이 들어선 것이 최초이다. 이후 지난 100여 년간 민족의 수난을 극복하고, 경이적인 경제발전과 더불어 골프의 대중화와 국제무대에서 한국 골퍼들의 눈부신 도약과 함께 한국인의 위상을 제고할 수 있는 세계적인 국가스포츠브랜드로서 골프의 이상을 실현하고 있다.

골프를 잘 하기 위해서는 골프에 대한 과학적인 이해가 필수적이다. 골프는 정지된 상태에서 몸을 회전시키는 유연성으로부터 발생된 회전력이 클럽을 통해 힘으로 전달되어 정지된 공을 타격함으로써 목표지점에 도달시키는 비교적 단순한 과정의 반복운동이다. 따라서 골프의 완성은 골프의 기본 원리를 잘 숙지하고 단계별 반복 연습을 통해 코스공략에 대한 경험을 축적하면 일정수준의 경기력에는 쉽게 도달하게 된다. 그럼에도 많은 골퍼들은 '골프는 알면 알수록 더욱더 심오해지는 기교와 심리적 작용들을 이해하기 힘들다'고 한다. 예컨대, 자신감을 요하는 벙커샷이나 실수를 용납할 수 없는 칩샷, 기본 스윙동작으로부터 정교한 거리측정과 방향설정이 무엇보다도 중요한 피치샷 그리고 상황판단 능력에 의한 퍼팅동작에서의 섬세함 등은 스윙의 원리에 대한 과학적 판단과 반복연습을 통해서만 숙달될 수 있다.

이 책은 골프에 입문하는 동호인들과 대학에서 교양 골프 학생들의 강의를 위해 역사속의 골프, 아이언 샷, 드라이버 샷, 페어웨이 우드 샷, 장비, 트러블 샷, 숏 게임, 플레이 형태와 핸디캡, 에티켓과 룰 등 총 9장으로 구성되었으며, 모든 내용들은 이해하기 쉽도록 상세히 설명하고자 했다.

골프의 매력은 대자연을 벗 삼아 홀 컵을 향해 한걸음 한걸음 접근해 다가가면서 경험하는 인생살이와 같은 희로애락일 것이다. 물론 이 책이 단기간에 골퍼들의 핸디캡을 줄여주지는 못할 것이다. 그러나 이 책을 통해 골프의 기본원리와 다양한 팁을 이해하게 된 골퍼들은 어느 누구보다 골프를 즐기고 사랑할 수 있는 준비가 되어 있을 것으로 기대한다.

이 책이 세상에 얼굴을 내밀기 까지 원고의 편집과 교정에 수고한 스포츠문화사연구실 대학원생 최석규, 박경호, 김재수와 사진을 제공해준 김영호 프로님께 감사한다. 그리고 출판에 애써주신 도서출판 개신 관계자 여러분들께 감사를 표한다. 끝으로 집필하는 동안 곁에서 늘 격려해준 나의 가족에게 대한 고마움도 남기고자 한다.

2010년 여름 저자

목 차

제1장 골프의 기원과 조직화

골프는 다른 스포츠와는 달리 창시자나 그 기원에 대해 명확한 근거나 자료가 흔치않아 역사정립이 쉽지 않다. 1897년 원산항을 통해 우리나라에 전파 된 골프는 이제 국민스포츠로 사랑받고 있으며, 열악한 환경에도 미국 골프에 도전한 박세리, 최경주, 신지애 선수를 비롯하여 많은 선수들은 세계적인 선수로 인정받고 있다. 본 장에서는 이렇게 세계인의 사랑을 받고 있는 골프의 발생과 현대적인 골프로의 조직화 과정을 간략히 소개하고자 한다.

1. 영국기원설

골프의 기원에 대해 수많은 설들이 제시되고 있지만 그 중에서도 빠질 수 없는 것이 바로 13세기 중엽 스코틀랜드 지방의 양치는 목동들로부터 시작됐다는 영국 기원설이다. 영국골프의 기원에 관한 이야기는 스코틀랜드 넓은 초원의 양치기 목동들이 무료한 시간을 보내던 중 초원에 굴러다니는 돌멩이를 양몰이에 사용하던 지팡이로 힘껏 후려친 것이 초원의 여기저기에 뚫려있는 토끼 굴로 굴러 들어가는 것을 본 후부터, 다른 목동들이 이를 따라 하게 되었고, 이윽고 재미를 느낀 목동들은 토끼 굴 구멍에 돌을 집어넣을 수 있는지를 걸고 내기를 하기 시작한 것이 골프경기로 발전했다는 기원설이다. 이와 함께 골프장비의 발달을 유추해 보면 목동의 지팡이는 처음의 갈래 지팡이에서 현재와 같은 끝이 굽은 스틱모양으로 발전해 왔을 것이다. 이러한 스틱모양의 지팡이는 차츰 목동들로부터 좋은 평가를 얻게 되었고, 오랜 시간 시행착오를 거쳐 발전한 것이 체계화되어 오늘날의 골프클럽이 되었다. 또한 양들이 풀을 뜯고 한가로이 돌아다니던 드넓은 초원은 잘 정비된 페어웨이(Fairway)가 됐고 풀밭 여기저기에 아무렇게나 나뒹굴던 돌멩이는 골프 볼(Ball)이 되었다. 또 여기저기 뚫려있던 토끼 굴은 깃발이 꽂혀 있는 18개의 홀(Hole)로 변화된 것이다.

〈그림 4〉 영국 골프의 기원을 풍자한 삽화

골프기원에 관한 또 다른 이야기는 다음과 같다. 스코틀랜드 동해안의 어부들이 배에서 내려 집으로 돌아가던 중 바닷가 파도에 실려온 나무막대기로 조약돌을 톡톡 치며 걷던 것이 골프로 발전했다는 것이다.

이와 같이 골프는 스코틀랜드 목동과 어부들의 무료함을 달래기 위한 놀이로 부터 대중화되면서, 현재와 같은 골프경기로 발전된 것으로 추정된다. 한편 골프의 영국기원설과 같은 영국 스포츠의 고대적인 원류에 관한 여러 연구들을 살펴볼 때, 영국 스포츠문화형성의 역사적 배경은 바로 로마의 지배시기였던 것으로 드러난다.

따라서 브리튼 섬에 남아있는 '볼 놀이'들은 로마지배시대로부터 시작된 신체·문화적 유산이었다. 이를 뒷받침할 수 있는 증거는 바로 로마인들이 브리튼 섬에 남긴 군사적 성격의 신체 문화적 유희들이며, 이는 각종 공놀이 및 유혈관중 스포츠를 말한다.

당시 로마인들의 대표적공놀이였던 Follis, Harpastum, Paganica 중에서 파가니카의 놀이 형태는 골프와 가장 유사한 고대 공놀이로 볼 수 있다.

〈그림 6〉 로마의 파가니카 부조

이와 같은 스코틀랜드 양치기 소년들의 골프기원설도 정확한 근거를 찾아보기 힘들다. 그러나 현재로선 유럽대륙에 있던 골프와 유사한 놀이가 스코틀랜드에서 독자적으로 발전되었다는 견해에는 의심의 여지가 없다. 한편 초기 스코틀랜드인들의 골프경기는 해안을 따라서 형성된 Links 또는 Linkland에서 행해졌는데, 스코틀랜드 북쪽 해안에 위치한 이 링크스초원은 멋진 잔디와 잡목이 우거진 작은 언덕으로 이루어져 골프코스로 이용하기에 매우 적합하였다. 골프는 주로 이러한 공동의 공간에서 행해져 초기 많은 코스들이 링스코스라 불리며 자연적인 모래언덕, 산등성이, 도랑 등을 보유한 자연적 특징을 지닌 바닷가나 절벽을 따라 거칠게 코스를 만들어 사용했던 것이다.

골프의 기원에 대한 역사적인 사료들을 고찰 해 볼 때, 중세시대 스포츠문화사와도 밀접한 관련성이 있으며, 스코틀랜드 기원설을 중심으로 스코틀랜드 상류계층의 문화를 통해 잉글랜드로 전파되었고, 16세기 초부터 대중화된 것으로 나타난다. 그러나 골프는 제임스 2세 통치시기에 이르러 귀족과 왕실의 대표적인 유희였던 사냥에 방해가 됨은 물론이고, 국방력 강화에도 아무런 도움이 되지 않는다는 이유로 칙령을 통해 100여 년 동안 금지되기도 하였다. 이 후 제임스 4세(1488-1513), 메리여왕(1542-1567)과 제임스 6세(1567-1625)의 통치시대를 거치면서 또 다시 인기를 얻어 부활하였고, 17세기 초 잉글랜드와 스코틀랜드의 합병과 함께 스코틀랜드 민중들의 놀이로부터 잉글랜드로 전파되어 발전을 거듭하다가 지금과 같은 형태로 조직화되고 세계화된 것이다.

2. 중국기원설

영국의 스코틀랜드 골프 기원설이 주류를 이루고 있던 1990년대 중국의 한 학자가 발표한 골프의 원조는 중국이라는 주장은 골프의 기원에 대한 또 다른 반향을 불러 일으켰다. 이 글에 의하면 본래 중국에서는 골프를 '츠이완'이라고 불렀으며 이미 서기 943년에 간행된 남당의 사서에 이 사실이 쓰여 있다는 것이었다. 여기에 원나라 때의 그림인 '추환도벽화(推丸圖壁畵)'를 제시하며 주장을 뒷받침하고 있는데 이 그림에는 영락없는 골프의 경기 장면이 나타나 있었다. 추환이라고 하는 게임은 본래 중국 대륙에서 행해지던 '보타구'라는 경기가 발전된 것이며 그 기원은 명확하게 알 수 없으나 943년까지 문헌으로 나타나 있다. 또한 12-15세기에 중국에서는 당시에 유행하던 추환(推丸)을 위해 그 규정집이라고 할 수 있는 '환경(丸經)'이라는 책을 만들기도 했다. 여기에 나와 있는 추환의 장소, 경기방식, 규칙 등을 상세히 살펴보면 100여 가지가 넘는데, 오늘날의 골프와 유사한 형태를 나타내고 있다고 주장하고 있다.

〈그림 7〉 추환도벽화

또한 명나라 때 그림인 '선종행락도(宣宗行樂圖)'에도 건장한 체격의 선종이 양손에 클럽을 쥔 채 어떤 클럽으로 샷을 할 것인지를 고민하는 모습과 오늘날의 캐디라고 볼 수 있는 달려오는 시종의 모습도 나타나 있다.

〈그림 8〉 선종행락도

이처럼 중국의 기원설은 각종 역사적인 자료를 중심으로 주장되고 있으나 아직까지 명확하게 밝혀진 것은 없다.

3. 유럽기원설

유럽 기원설은 네덜란드와 프랑스, 로마 제국을 중심으로 주장되고 있다. 먼저 네덜란드 기원에 대한 주장을 살펴보면 1360년에 행해졌던 골프에 대한 기록들을 바탕으로 최소한 1457년 스코틀랜드의 기록보다 97년이나 앞서 행해졌고 이것이 골프의 기원이 되었다고 한다. 네덜란드에서는 15세기에 아연으로 만든 클럽을 사용하기 시작하였고, 1545년 25개 조항으로 된 최초의 골프 규칙서가 마련되었고, 1552년 인쇄되어 20년간 사용되었다고 한다. 또 한편으로는 하키와 비슷한 놀이가 체계화 되어 오늘날의 골프로 변화했다고 주장하고 있다.

프랑스 발생설을 살펴보면 1261년 번역된 프랑스 서적에 나와 있는 어린아이의 모습에 대한 묘사를 통해 대두되었다. 이 소년이 하던 놀이는 고대 프랑스식 놀이인데 끝 부분이 휘어진 양치기들의 막대기를 사용했으며 이 막대기를 'Kolb'라고 부른다고 전해지고 있다. 또 다른 주장은 프랑스 사람들이 크로스라는 놀이를 즐겼는데 이 놀이 또한 아랫부분이 구부러진 나무 끝으로 공을 미는 방식이었다고 한다. 따라서 이러한 놀이가 하키, 펠멜, 크리켓과 같은 여러 놀이의 기원이 되었으며 프랑스에서 하고 있는 주드 마유(Jeu de Mail)가 골프의 기원이라는 설도 있다.

로마제국의 전래설을 살펴보면 로마 제국이 스코틀랜드를 점령했을 때 당시의 로마 군사들이 파가니카(Paganica)라는 골프와 유사한 놀이를 전파했고 이렇게 소개된 놀이가 스코틀랜드에서 발달되었다는 주장인데 아직까지 여기에 대한 명확한 근거나 기록들은 나타나지 않고 있는 실정이다.

4. 현대적 골프의 탄생과 조직화

골프의 기원에 있어서는 많은 이견들이 대립되고 있지만 현대적인 골프의 시작과 조직화의 측면에서는 영국에서부터 시작되었다는 것이 지배적인 의견이다. 사실 골프가 엄청난 인기를 누리며 성행되었던 15세기 무렵, 스코틀랜드는 한창 이웃 잉글랜드와의 전쟁위협에 처해 있었다. 모든 남자는 일정기간 무술훈련을 해야 하는데도 불구하고 골프에 온 정신을 빼앗겨 국방의 임무에 소홀했다. 당시 골프에 얼마나 심취했던지 전쟁의 위협 속에서도 영토 방위의 제일 중요한 활쏘기 훈련보다는 골프에 빠져 급기야는 이를 금지하는 포고령이 떨어졌다. 이것이 1457년에 스코틀랜드의 왕인 제임스 2세가 내린 골프금지령이다. 금지령의 내용은 '골프가 너무 성행하여 이웃 잉글랜드와의 전쟁에서 국가방위에 필요한 궁술연습에 심각한 방해가 되므로 12세 이상 50세까지의 국민에게 골프를 금한다.'였다. 이는 골프가 스코틀랜드에서 시작되었음을 입증해주는 역사적 사건임과 동시에 골프의 발생연대는 이보다 훨씬 이전인 약 100년 전까지 거슬러 오른다고 골프사가들은 추정하고 있다. 실제로 이러한 강력한 제재를 통해 위반자를 구속하고 많은 벌금을 부과하기도 했으나 이에 반발한 일반 서민과 귀족들이 왕에게 직접 항의하기도 했다. 그러나 이러한 칙령도 잠시, 이 법은 무시되고 골프는 여전히 성행했다. 목동들이나 서민들은 할 수 없게 됐고 특권층인 왕족들만이 즐길 수 있게 되어 오히려 궁중 안으로 들어가 왕족의 경기로 바뀌게 됐다. 그러던 중 15세기말 화약의 발명으로 궁술 연마의 중요성이 사라지고 1502년 잉글랜드의 헨리 5세와의 '글래스고 협약' 체결로 스코틀랜드에 평화가 깃들면서 골프금지령이 명분을 잃어 폐지되었다.

〈그림 9〉 골프 경기를 하는 메리여왕

이렇게 목동들의 놀이로 시작된 골프는 처음에는 서민들의 유희로 성행했다가 골프금지령 이후 서민들은 할 수 없었으므로 자연스럽게 특권층인 왕족만이 할 수 있게 되어 나중에는 궁중 안으로 들어가 왕족들의 경기로 바뀌게 된다. 금지령과 해제가 여러 차례 반복되다가 국민의 권리가 안정되면서 서민들도 다시 골프를 즐길 수 있게 되었는데 이에 대해 가장 괄목할 만한 전환점을 마련한 인물이 바로 제임스 4세였다. 새롭게 찾아온 평화의 시대에는 스코틀랜드의 제임스 4세로 인해 골프가 더욱 비약적인 발전을 거듭하게 된다. 골프광이었던 그로 인해 딸인 메리여왕까지도 골프에 집착하는 모습을 보이는데, 메리여왕은 1560년대에 주로 세인트 앤드류스(St. Andrews)에서 플레이했던 것으로 전해지고 있다. 여성골퍼의 효시라고도 불리는 그녀는 남편이 죽은 직후에도 시튼하우스에서 골프를 해 세상을 놀라게 했었으며, 그녀가 골프를 하기 위해 에든버러(Edinburgh)에 갈 때 수행한 프랑스귀족의 어린 아들이 있었는데 이 아이를 프랑스어로 까데(cadet)라고 지칭한 것이 캐디(caddie)의 어원이었다. 매리여왕 이

후 그의 아들인 제임스 6세는 어린 나이에 골프를 배웠으며 자신의 전용코스를 만들고 절친한 친구들과 함께 플레이했던 것으로 알려져 있다. 또 아이언은 잔디를 손상시킬 수 있기 때문에 목재 헤드로 된 클럽만 사용할 수 있다는 법령을 발표하기도 했다. 또한 그는 잉글랜드에 골프를 도입시켜 1608년 런던 근교 블랙히스에 6홀 코스를 만들기도 하는 등 골프의 발전에 많은 역할을 하였다. 이렇게 왕실의 비호를 받으며 발전을 거듭하던 골프는 그 지위를 점차 굳혀 갔지만 당시 막강한 권력과 영향력을 발휘하던 교회의 방해를 받기도 했다. 교회는 안식일에 골프를 하는 것은 신을 모독하는 것이라 주장하며 압력을 행사해 1593년 에든버러에서는 안식일에 골프를 금지했고 예배시간에 골프를 하는 사람은 고발당하기도 했다. 하지만 이러한 방해에도 불구하고 이미 왕족부터 서민들까지 모두에게 뿌리 깊게 자리잡은 골프였기에 끊임없이 발전을 거듭하였다.

왕실의 비호 속에 여러 계층의 사랑을 받으며 발전해 오면서 18세기에 이르자 골프를 체계적인 경기로 만들려는 움직임이 시작되었다. 골프 경기에 대한 획일적인 통합은 1754년에 세인트 앤드류스 골프협회가 형성되면서부터다. 이 모임은 에든버러에 본부를 두었고, 여기에 가입된 회원들이 세인트 앤드류스에 모여 화합하며 경기전반을 망라하여 플레이어들의 경기에 관한 규제를 하기 시작하였다.

〈그림 10〉 세인트 앤드류스 올드코스 전경

사실 영국의 골프는 1700년대 중엽까지 비공식적인 기반에서 지속되다가 Company of Gentleman Golfer(조직연대 미상, 1600년대로 추정됨)와 The Honourable Company of Edinburgh Golfers(1744)의

두 클럽이 조직됨에 따라 18세기 중엽 영국사회에 공식적으로 인정받게 되고 산업혁명을 통해 대중적인 인기를 누리게 되었다. 최초의 골프 클럽으로 구체적인 증거를 가지고 있는 Honourable Company of Edinburgh Golfers는 초기에 조직된 Gentleman Golfers of Leith가 개칭된 것이며, 블랙히스와 로열버지스는 모두 자신들이 최초의 클럽이라고 주장하고 있으나 아직까지는 이를 입증할 만한 사료가 나오지 않고 있다. 따라서 이 당시 창설된 Company of Gentleman Golfer와 The Honourable Company of Edinburgh Golfers의 두 조직은 전 세계 스포츠사에서 처음 등장하는 스포츠 관련 클럽으로 인식될 수 있을 만큼 깊은 유래를 가지고 있다. The Honourable Company of Edinburgh Golfers는 1745년 Silver Club Tournament를 개최하게 되는데, 이때 골프의 경기 규칙에 해당하는 13개 조항의 룰을 만들고 공식화하기에 이르렀다. 이러한 골프의 '13개 조항' 은 그보다 이전인 1744년에 리스 젠틀맨 골퍼 클럽에서 정해졌으며, 매년 열리는 경기에 적용 되었다. 13개 조항의 규정이 만들어지기 이전까지는 선수들이 경기 시작을 위한 티오프를 하기 이전에 각 클럽별로 임의적으로 정해진 규칙에 합의하는 형식으로 경기를 진행 하였다. 이 규칙은 골프의 발전과 함께 수세기에 걸쳐 정기적으로 개정되었지만, 오늘날 적용되고 있는 규칙의 핵심적인 부분은 아직도 이 당시 리스에서 정해진 규칙을 그대로 지키고 있다. 그 중 대표적으로 "그의 볼은 홀로부터 가장 먼 볼은 먼저 경기해야 한다. 티에서 볼을 쳐낸 후부터는 볼을 바꿔서는 안 된다." 등을 포함하여 당시의 조항은 현대 룰에도 여전히 남아있다. 10년 지난 후인 1754년, 이 규칙들은 Royal and Ancient Golf Club in St. Andrews(R&A)에 의해 받아들여지고 R&A는 전 세계에 널리 알려 게임을 지속하게 했고 규칙의 개정을 책임지게 되었다.

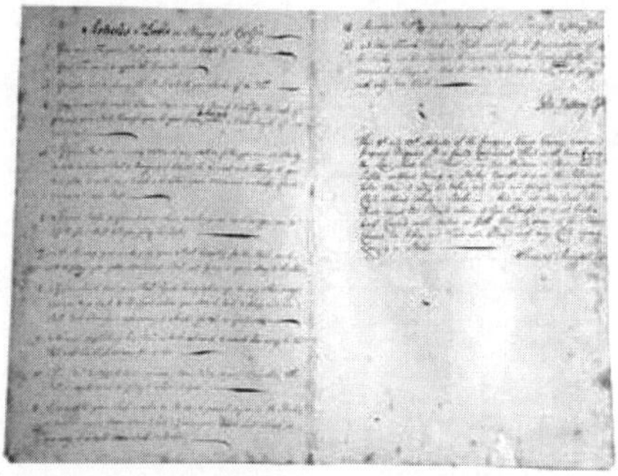

〈그림 11〉 최초의 골프 조항

골프 코스들 또한 처음부터 지금과 같은 18홀로 구성되어 있지는 않았다. 초창기 골프에서는 각 클럽별로 1라운드의 개념이 제 각각이었다. 오늘날과 같이 18개의 홀의 전체를 완전히 플레이하는 방식이 아니었으며 코스의 지형이나 규모에 따라 달라졌다. 에든버러(Edinburgh)시의 유명한 브룬스필드 링크스(Bruntfield Links)에서는 게임 때 6개의 홀만을 사용했고 노스버윅(North Berwick)에서는 7개의 홀을, 굴레인(Gullane)에서는 13개의 홀을 사용하고 있다가 나중에 15개 홀로 늘렸다. 머슬버러(Musselburgh)는 5개홀, 그 후에 8개홀(평상시의 대회에서는 2라운드 또는 16개의 홀), 그리고 몬트로우즈(Montrose)에서는 25개의 홀을 사용했다. 그 후 15세기 초 St. Andrews의 골퍼들이 기복이 있는 지형을 통해 관례적인 경로를 설립하였고 홀에서 경기하는 위치들은 지형학의 영향으로 결정되었다. 그 코스는 소유지의 클럽하우스부터 먼 곳까지의 끝에서 끝까지 만들어진 11개 홀들의 특징을 나타냈다. 11홀로 왕복하여 22홀이다가 2개홀이 폐지되어 9홀을 왕복하여 18홀 1라운드의 개념이 형성된 것이다. 세인트 앤드류스의 기량이 뛰어난 골퍼들이 점차로 9개 홀 왕복 18홀을 골프경기의 한 라운드 표준숫자로 받아들여 경기를 운영하기에 이르렀다. 18홀이 세인트 앤드류스에서 가장 편리한 숫자였다는 사실이 알려지면서 18홀 코스는 현재 세계 클럽 홀의 기준이 되었다.

이런 과정을 거쳐 더욱 조직화 된 영국의 골프는 1860년 세계에서 가장 오래된 골프 토너먼트인 영국 오픈 대회개최를 통해 현대적인 스포츠로 도약하는 기반을 다지게 된 것이다.

5. 한국 골프의 역사

한국골프는 1897년 무렵 함경남도 원산항의 한국정부 세관관리로 고용된 영국인들이 세관 안의 유목산 중턱에 6홀의 골프장을 만들어 경기한 것이 처음이다. 또 1913년 원산 근처 갈마반도(葛麻半島)의 외인촌(外人村)과 황해도의 구미포(九味浦)에도 외국인 전용 골프코스가 개설되었으나, 나무울타리로 막아 한국인은 물론 일본인 출입도 금지했기 때문에 그 규모는 알 수 없었다고 기록되어 있다.

한국 골프역사에서 빼놓을 수 없는 인물은 영친왕(英親王, 1897~1970)이다. 영친왕 부처는 1924년 무렵부터 일본에서 골프를 치기 시작해서, 이따금 서울에 와서 골프를 즐기기도 했다. 1921년 조선철도국은 미국인 댄트의 설계로 지금의 서울 효창공원(孝昌公園)에 9홀의 코스를 만들었다. 그러나 효창공원 골프장은 1923년 이곳 일대가 공원으로 지정됨에 따라 폐장되었고, 1924년 이왕가(李王家)의 육림 중심지인 청량리(淸凉里)로 옮겨 18홀이 완공되었다. 이를 계기로 한국 골프사상 처음으로 '경성골프구락부(京城俱樂部)'라는 골프클럽이 탄생한 것이다. 그 뒤 서울뿐만 아니라 지방에도 골프장 건설 붐이 일어났는데, 이와 같은 영향으로 1937년 9월 전국 골프구락부 협의기관인 조선골프연맹 창립총회가 경성골프구락부에서 열려 한국골프를 새롭게 도약시키는 계기가 되었다.

한국 프로골퍼의 역사는 연덕춘으로부터 시작된다. 그는 17세 때부터 골프를 배웠으며 일본인의 주선으로 일본에 가서 골프수업을 받고 3년 만에 일본 오픈경기에 출전하여 8위에 입상하는 급성장을 보인 후 1941년 한국인으로는 처음 일본 오픈경기에서 패권을 잡았다. 그가 배출한 수많은 프로선수 중에서 한장상이 1972년 일본 오픈경기에서 한국인으로서는 두 번째로 우승하였다. 한 장상 · 김승학 조는 1971년 미국에서 열린 월드컵 골프에 출전하여 단체 5위에 들기도 했다. 1970년대에는 한장상이 한국 오픈경기를 제패하였고, 김승학은 아시아 서킷 1차전인 필리핀 오픈경기에서 한국인으로는 처음으로 우승하였다. 또 1974년 조태운이 한국 오픈경기에서 우승을 차지함으로써 한국 프로선수들은 큰 타이틀 5개를 쟁취하는 사상 초유의 '황금의 3년'을 맞이하였다.

1980년대 이후에는 최상호가 두각을 나타냈으며, 여자 프로골퍼로는 구옥희가 미국과 일본에서 활약, 국제적 명성을 떨치고 있고, 원재숙 · 고우순 등도 일본에서 뛰어난 기량을 발휘하였다. 재일교포 김영창은 1981년 미국에서 열린 제22회 세계아마시니어선수권대회에서 우승하여 세계 정상에 올랐다. 1996년에는 46개국이 출전한 제17회 세계아마추어골프팀 선수권대회에서 대회 역사상 아시아 국가로는 처음으로 여자 팀이 우승함으로써 세계 최강이 되었다. 1998년에는 미국에서 활동하고 있는 박세리가 미국여자프로선수권과 미국여자오픈대회에서 우승했고, 그밖에 김미현 · 박지은 · 펄신 · 송아리 등이 세계프로골프대회에서 우수한 성적을 거두어 세계적인 스타가 되었다.

이에 세계무대를 꿈꾸며 골프클럽을 잡는 주니어선수들이 급증하고 있어 2000년 조사에 의하면 국내 프로골퍼의 수효가 남자 약 360명, 여자 140여 명으로 늘어났고 레슨 프로도 1,500여 명에 이르고 있다. 골프 유관단체는 골프협회를 중심으로 한국프로골프협회(KPGA) · 한국여자프로골프협회(KLPGA) · 한국시니어골프협회 · 한국대학골프연맹 · 한국중고골프연맹 등 10개 단체나 결성되어 골프 발전과 골프 대중화에 앞장서고 있다. 이어서 전국 16개 시도지부 체육회 산하에도 골프협회가 설립됨에 따라 골프도 1987년 전국체육대회 경기 종목으로 채택되었다.

제2장 골프장비의 종류와 변천

1. 골프 볼의 변천

1장에서도 전술한 바, 지난 수백 년을 지나오는 동안 원시적인 골프 볼에서 최첨단의 기술을 집약시킨 결정체로 골프 볼은 발전해왔다. 최초의 골프는 스코틀랜드 서부해안에서 시작되었고 당시 어부들은 체계화되고 정제된 에티켓과 경기방법은 갖추지 못하였으나, 주변에서 쉽게 구할 수 있는 나무로 만든 장비로 골프를 즐겼다.

(1) 나무 볼 시대

나무 볼은 15세기부터 17세기까지 사용하였는데, 1550년 골퍼들이 나무로 만든 볼을 사용하여 경기를 했었다는 기록이 있다. 이와 같이 당시의 골프 볼은 단단한 나무재료를 이용하여 만들었다.

(2) 페더리볼 시대(깃털 볼 시대)

1618년에는 깃털로 된 골프 볼 혹은 깃털처럼 가벼운 볼이 도입되었다. 이 볼은 수공예품으로 거위의 털을 밀도가 높게 하여 말가죽이나 소가죽의 구형에 집어넣어 만들었다. 단 깃털이나 가죽은 볼을 만들어 질 때 까지는 젖은 상태를 유지했다. 따라서 가죽이 마르게 되면 줄어들게 되고 깃털은 오히려 팽창하게 되어 단단한 볼이 만들어 지게 된다. 볼이 다 만들어지면 페인팅 한 볼에 만든 사람의 상표를 찍어서 완성시켰다. 이러한 작업과정으로 인해 페더리볼을 만드는 기술자들은 하루에 3~4개 정도밖에 만들지 못했을 뿐만 아니라, 깃털로 인한 폐병도 많았다. 골프 볼의 품질 또한 만든 사람의 기술력에 따라 달라서 표준화되지 못하였으며 때로는 클럽보다 비쌀 때도 있었다.

(3) 구티 페트카 볼시대

1848년 들어서부터 새인트 앤드류스의 리브 아담 페터슨에 의해 "Gutta Percha ball"이 소개되었다. 이 볼은 철도망을 통하여 광범위하게 퍼져 골프의 확산에 이바지 하였다. 구티 페트카볼은 열대지방에서 자생하는 고무나무의 수액에서 얻는 생고무로 만들었다. 그 볼은 1800년대 중후엽 가장 인기있는 볼이 되었다. 이 볼은 비교적 쉽게 제작할 수 있었으며 재가열 및 재성형을 통해 쉽게 수리할 수 있다. 처음에 고무 볼은 부드러운 표면을 가지고 있어 깃털 가죽공보다 멀리 날아가지 못했다. 1880년 이후 구타 볼은 깃털 볼에 칼자국을 낸 것이 멀리 나가는 것을 모방하여 표면에 자국을 내어 생산하기 시작했다. 산업혁명과 대량생산시대가 도래할 즈음 구타 볼은 1890년대에 들어서 틀을 이용해 만들기 시작하여 비거리가 늘고, 일정한 품질과 알맞은 가격을 갖추게 되었다. 이 당시 가장 두드러진 볼의 패턴은 "브램블"(볼 표면 전체의 탄력성을 높인 볼)이며 대다수의 고무 골프 볼 업체를 포함한 던롭(Dunlop)에서 대량생산을 하자 수공품 볼 제작 사업은 점차 사라져갔다.

(4) 고무 볼 시대(Rubber Cored Ball)

1898년 코번 하스켈은 One-Piece Rubber Cored Ball을 소개 했다. 이 볼은 대체적으로 1901년 이후 영국 브리티스 오픈과 미국 오픈에서 그 품질을 인정받았다. 이 볼은 구티볼과 비슷하게 생겼으나, 보통의 골프들에게 티로부터 최대 20야드 더 멀리 날아 갈 수 있었다. 이 볼은 구타의 볼 표면을 고무줄로 감고 그 위에 고무를 입혀 만들었다. 또한 그 당시 W. Millison은 이 볼에 고무줄을 감는 기계를 만들었다. 그 결과 하스켈 볼은 대량 생산과 함께 보다 적정한 가격으로 판매가 가능하게 되었다. William Taylor가 처음으로 하스켈 볼에 딤플(dimple)패턴을 응용했던 1905년이 되어서 비로소 현대적인 골프 볼의 모양을 띠게 되었다.

〈그림 14〉 하스켈 볼

참고. 비거리의 증대-딤플의 출현

① 딤플의 기원

골프공의 표면에 요철형태로 이루어져있는 딤플의 효시가 바로 우연한 경험에 의해 탄생되게 되었다. 초창기의 골프공은 표면이 밋밋한 상태였으나 이를 반복해서 사용하게 됨으로서 표면에 상처가 나게 되는 데, 이 상처가 난 볼이 새 공보다 더 멀리 날아간다는 것을 알게 되었으며, 이것이 딤플 개발의 기원이다.

② 딤플의 역할

일반적으로 직경이 크고 깊이가 얕은 딤플은 공을 높게 뜨도록 하는 양력을 도와 비거리를 늘려주는 역할을 하고, 직경이 작고 깊이가 깊은 딤플은 비행안정성을 도와주고 탄도를 낮추게 하는 역할을 한다. 지금까지 개발된 골프 볼의 딤플 수는 300~500대로 각 회사마다 고유의 딤플모양과 숫자를 가지고 있다. 미국 골프협회의 실험에 의하면 동일한 조건하에 딤플이 있는 경우와 없는 경우 약 30야드의 비거리 차이를 보였다.

(5) 다양한 볼의 시대

골프 볼 생산업체는 골프 볼의 디자인에 대해 끊임없는 실험을 계속하였다. 굿리치라는 사람은 1906년에 공기저항 볼을 소개했다. 이 패턴의 볼은 사운드스(T. Saunders)가 소장하고 있다. 단적으로 이 볼은 하스켈 볼에다가 공기를 주입한 것이나 불행하게도 열을 받으면 팽창하는 경향이 있어 간혹 볼이 터지는 원인이 되었다. 다른 형태로는 코르크나 금속을 이용한 것도 시도되었다. 1972년에 이르러 스팔딩사(Sparlding)에서는 두 겹의 골프 볼을 도입하였다. 이것은 하스켈 디자인을 좀 더 개선한 것이었다. 1921년에는 R & A와 미국프로골프협회에서는 볼의 크기와 무게를 직경 1.62인치(42mm)로 표준화시켰으며, 그후 10년 뒤 USGA(미국프로골프협회)에서 볼의 사이즈를 1.68인치(43mm)로 늘렸고, 1987년 로열 앤드 앤시언트도 동참하였다.

오늘날 매우 다양한 골프 볼이 개인적인 경기나 다른 여타 경기에서 사용된다. 어떤 사람은 조절이 잘되는 볼, 어떤 사람은 멀리 나가는 볼을 원하듯이 다양한 요구가 있을 것이다. 또한 이러한 기준으로 더 가치 있는 볼이 개발된 것이다. 최근에는 세 겹의 볼이 널리 사용된다. 중심이 고체인 것도 있고 액체인 것도 있는데, 그 주위에 고무가 감겨져 있으며 커버는 내구성이 있는 설린(열가소성 수지)이나 발라타로 만들어져 널리 사용되고 있다. 이 볼은 회전율이 높아 기술수준이 높은 선수들에게 더 적합하다. 이 공은 깨지는 일이 거의 없다. 발라타 커버에 중심부가 액체인 스리피스 볼은 가장 개량된 골프공이라 할 수 있다. 액체 중심부 둘레를 줄로 감고 그 위에 부드러운 인조 발라타 커버가 씌워져 있는데, 회전율이 높아 조절이 매우 용이하며 최상의 조건을 가지고 있다. 그러나 발라타 볼의 단점은 표면이 약하여 쉽게 마모된다. 현대 골프공들의 공통점은 첨단과학에 근거한 비행안정성에 근거를 둔다는 것이다. 따라서 최첨단의 과학이 골프공에 접목되어 점차 새로운 소재의 골프공이 개발되고 있으며 이러한 변화는 앞으로 더욱 가속화 될 것이다.

2. 골프 클럽의 역사

골프 클럽은 골프 볼과 함께 끊임없는 변화 속에 골퍼들을 사로잡으면서 오늘날에 이르렀다. 15세기 당시 스코틀랜드에서 처음 사용되었던 골프클럽은 나무로 제작된 것으로 튼튼한 샤프트와 무거운 헤드로 이뤄졌으며 손잡이는 양, 돼지, 말, 암소 혹은 샤모아의 가죽을 덧대고 이를 묶어서 만든 것으로 추정된다. 스코틀랜드의 로열 트룬 골프클럽(Royal Trune Golf Club)에는 6개의 우드와 2개의 아이언이 보존되어 있는데, 이 클럽이 지금까지 알려진 가장 오래된 클럽이다. 이 클럽들의 소재는 뿔로 만들어졌으며, 클럽 중 6개는 그립이 없다. 제조 연대는 1530년대로 추정되는데, 특히 우드의 페이스가 넓고 긴 것이 특징이다. 19세기 말까지 사용된 골프클럽은 미완성품이라고 할 만큼 조잡하고 볼품이 없었지만, 초창기 골프클럽은 골프 애호가들에 의해 골동품으로서 각광 받고 있다. 주목할 것은 당시 골퍼들이 자신들의 신체 조건에 어울리지 않는 다른 골프클럽을 가지고도 골프역사에 남을만한 스코어를 냈다는 사실은 실로 놀라운 일이 아닐 수 없다. 당시 골퍼들은 골프클럽을 대략 8개에서 12개 정도를 구비하였는데, 이중 필수적으로 갖춰야 했던 대표적인 클럽은 그래시드 드라이버, 3개 이상의 스푼, 배핑 스푼, 우드 니블릭과 우드 퍼터 등이었다. 이중에 그래시드 드라이버는 18세기와 19세기에 열린 골프 대회에 출전한 선수들이 주로 사용했던 클럽보다 길이가 짧았다. 이 골프클럽은 라이가 좋은 페어웨이에서 볼을 치거나 바람이 불 때 볼을 높이 띄우는데 사용됐으며 로프트가 약간 있었다. 스푼은 롱, 미들, 숏 사이즈가 있어 페어웨이에서 라이에 따라 사용됐다. 배핑 스푼은 잔디와 함께 볼을 쳐 최대한으로 볼을 띄면서 최소한의 거리를 확보하는데 이용되는 튼튼한 장비로 기록되어 있다. 우드 니블릭은 길이가 짧으면서도 로프트가 커서 벙커 등 어려운 상황에서 탈출할 때 사용되었다. 마지막으로 우드 퍼터는 다른 우드에 비해 더 넓고 짧은 헤드를 지니고 있었으며 샤프트도 짧았다. 이것은 로프트가 수직이며 페이스는 평면이었고 헤드가 무거운 것이 특징이었다.

금속 헤드의 골프클럽은 대략 1700년경에 등장해 나무로 만든 골프클럽과 같이 사용했는데 이 금속 헤드의 골프클럽은 당초 전문가들을 위한 여분의 장비에 불과했으나, 결국 헤드가 긴 우드를 대신해 본격적으로 사용되었다. 골프클럽의 제조 기술은 페더리 볼 시대의 후기에 들어서 크게 발전했다. 18세기 당시의 유명한 골프클럽 제조자들은 맥웬(Poglas McEwen), 필립(Philip), 윌슨(Wilson)등으로 골프클럽의 헤드는 가시나무의 밑동, 샤프트는 뿔을 주재료로 사용했다. 그러나 이런 골프클럽의 재료는 구하기 어려워 많은 골퍼들은 직접 골프클럽을 제작해 사용했다.

1902년 British Open 우승자 샌디 허드나 전설적인 골퍼이자 바든식 그립을 창안한 해리 바든 등도 아가위나무로 골프클럽을 만들었다고 한다. 바든은 아가위나무가 거칠어 손바닥에 물집이 생기므로 이를 피하려고 연구를 거듭한 끝에 엄지를 아래로 향하게 샤프트에 얹고 손가락으로 가볍게 쥐는 소위 바든식 그립을 고안했다. 패더리 볼은 타격에 매우 약해 구타페르카 볼이 출현하기 전까지 아이언샷을 할 때보다 우드샷을 할 때 주로 사용했다.

패더리 볼 시대에 우드는 롱, 미들, 숏, 아주 짧은 스푼(피칭용) 네 가지가 있었고 우드 클럽 중 브라시(Brassie)와 우드 니블릭(Niblick)이 등장했다. 브라시는 클럽 헤드에 놋쇠를 부착한 것으로 러프에서 플레이할 때 사용했다. 우드 니블릭은 클럽헤드를 작게 만들어 마차의 바퀴 자국이나 무성한 잡초 밭에서 플레이할 때 사용했다. 이 당시 드라이버의 페이스는 평면이었으나 어떤 골퍼가 페이스의 중심부가 볼록하게 튀어나온 드라이버를 만들어 종전보다 장타를 칠 수 있게 했다.

아이언은 드라이빙, 클릭(Cleek), 벙커 등 세 가지로 나뉘었다. 드라이빙 아이언은 요즘의 1번 아이언과 비슷한 것이지만 클럽 헤드가 더 경사지고 샤프트가 길었다. 클릭은 어프로치용, 퍼팅용 등이 있었는데 페이스의 상부가 요즘 것에 비해 두꺼웠다. 퍼터는 나무로 만든 제품이 사용되다가 Bob Fergusson이 페이스를 금속으로 바꾼 퍼터를 새로 만들어 나무로 만든 퍼터와 함께 사용했다. 페이스를 금속으로 만든 퍼터는 표면이 고른 그린, 나무로 만든 퍼터는 지면이 고르지 않은 그린에서 홀 인의 적중률이 높았다.

1848년에 등장한 구타페르카 볼은 골프클럽 제작에 커다란 변화를 가져왔다. 골프클럽 제조업자들은 급속히 성장하는 골프에 맞춰 혁신적인 기술을 개발하지 않으면 안 되었다. 구타페르카 볼은 페더리 볼보다 단단할 뿐 아니라 클럽에 주는 반동이 컸다. 그 결과 클럽의 길이는 짧아지고 클럽 헤드는 두꺼워졌으며 샤프트의 재료는 탄성을 늘리기 위해 목질이 연한 사과나무, 배나무, 복숭아나무 등을 사용했다. 견고한 구타페르카 볼은 아이언도 다양한 변화를 가져왔다. 15세기에 2~3개, 페더리 볼 시대는 5~6개가 사용되던 골프 클럽은 골프가 발전함에 따라 19세기 말에는 최소한 8개 이상을 다룰 줄 알아야 골퍼의 자격을 갖췄다고 할 수 있게 되었다. 그 당시 완전한 세트의 골프클럽은 우드(드라이버), 금속 페이스 드라이버, 롱 스푼, 브라시, 미들(스푼), 숏(스푼), 우드(퍼터), 아이언(클릭), 미드(아이언), 로프팅 아이언(Lofting Iron), 마시(Marshie), 니블릭, 아이언(퍼터)등 모두 13개였다.

3. 골프 클럽의 규제

우선 골프클럽의 구조를 다시 자세히 살펴보면, 공을 타격하는 타구 면인 헤드(Head)부분과 골프클럽의 막대부분인 샤프트(SHaft)부분으로 나누어지고, 헤드의 모양과 재질에 따라 우드(Wood), 아이언(Iron), 퍼터(Putter) 등 세 가지로 구분하며, 각기 다른 용도와 기능을 가지고 있다.

우드는 볼을 될수록 멀리 보내기 위한 클럽이고 아이언은 알맞은 거리에 따라 골라 쓰는 클럽이다. 우드나 아이언이나 각 클럽은 번호가 매겨져 있다. 1번 쪽으로 갈수록 길이가 긴 클럽이며 우드가 아이언보다 길이가 길다. 골프클럽의 자루부분에 해당하는 '샤프트'의 소재는 스틸과 그라파이트(Graphite) 두 가지가 있다. 퍼터는 스코어를 결정짓는 가장 중요한 클럽이라고 할 수 있으며 그린 위에 있는 볼을 홀에 넣기 위한 클럽이다. 정규 라운드에서 골퍼가 가지고 다닐 수 있는 클럽의 수는 14개 이하다.

※ 초기에는 25개의 클럽을 소지하고 게임에 임했으나 미국의 골프 협회에서 개인이 최대 14개의 클럽으로 게임을 하도록 제한하여 지금까지 이를 따르고 있다.

(1) 규제

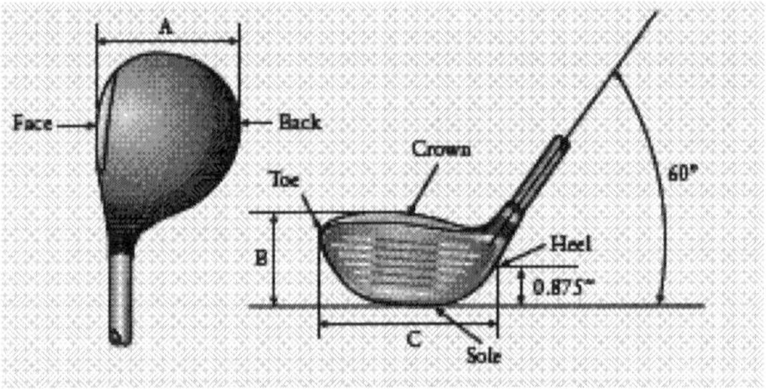

〈그림 28〉 드라이버의 치수

USGA 룰에 의거 헤드 크기뿐만 아니라 드라이버 헤드의 전체 규격을 알아보면, 일단 상기 그림에 보시는 바와 같이 드라이버 헤드에는 크게 A, B, C,의 3가지 치수 규제가 있다. 우선 A 는 헤드의 페이스에서 뒤쪽의 끝단까지의 길이인데, 헤드 heel에서 toe 까지의 길이인 "C"는 "A" 보다 반드시 커야한다. 즉 항상 C 〉A 여야 한다. 즉 이는 헤드 뒤쪽을 크게 하려면 반드시 옆쪽도 함께 더 크게 하여야 한다는 것이다. 요즘 유행인 사각 드라이버를 자세히 보면 뒤쪽으로 많이 길게 만들었지만 자세히 보면 이 길이는 역시 옆으로 늘어난 거리보다 짧은 것을 알 수 있다.

다음 두 번째 규제로 상기그림 "C" 치수는 127mm 보다 커서는 안 된다. 이때 "C"의 치수의 heel의 시작점은 그림에서 보는 바와 같이 라이가 60°일 경우에 지면에서 0.875인치 떨어진 지점이다. 아무튼 "C" 길이 (heel 에서 toe 길이)를 규제하면 자동적으로 페이스 앞에서 뒤쪽까지의 거리인 "A" 거리가 규제가 된다. 왜냐하면 C〉A 이기 때문이다.

세 번째로 "B" 거리가 (sole에서 crown까지 높이)가 71.12mm 보다 크면 안 된다. 즉 페이스 타구면의 높이는 너무 높게 할 수가 없다는 것이다.

마지막으로 헤드의 크기는 460cc를 초과할 수 없다. 이 체적에 대한 크기의 공차가 10cc이므로 최대 470cc가 우리가 사용할 수 있는 최대의 헤드 크기이다. 따라서 공식적인 대회에서 사용하기 위해서는 반드시 이 규격을 만족해야 한다. 이런 인증은 USGA에서 하는 것인데, 드라이버 헤드가 시중에 유통되기 전에 USGA에 헤드가 'confirm' 즉 확인 인증을 받아야 한다. 이런 인증 작업 후에 비로소 공식대회에 사용할 수 있다. 골프스미스란 회사에서 체적이 1,000cc인 유통드라이버 헤드를 개발해서 화제가 된 적이 있다. 헤드가 크니 심리적으로 안정이 되고 또 MOI(Moment of Inertia)를 크게 할 수 있으니 일석이조가 된다는 것으로 매우 재미있는 발상이다. 그러나 요즘 거의 모든 드라이버 헤드의 체적이 460cc이고, 더 큰 체적을 가진 드라이버가 나오지 않고 있다. 헤드가 대형화 되는 추세에서 계속 커지다가 460cc에서 멈춘 것이다. 즉, 아까 언급했듯이 460cc를 초과할 수 없다는 규제 때문이다.

(2) 최근 경향

최근에는 드라이버 헤드가 커지고 로프트가 8° 이하의 드라이버가 많이 생산되고 있다. 로프트가 낮으면 볼이 많이 날아간다고 생각하는 것은 아주 위험한 발상이다. 골프 볼은 타격에 의해서 날아가는데 임팩트 때 클럽헤드가 110마일 이상의 헤드 스핀를 가졌다고 가정 했을 때 볼이 헤드의 중심점에 맞지 않았을 경우에 로프트가 높은 클럽의 헤드보다 사이드 스핀이 더 많이 생겨 훅이나 슬라이스가 더 많이 생겨 골프 게임 자체를 망치게 하는 요인이 된다. 프로와 같이 기계적인 스윙을 가진 골퍼라도 항상 위험이 따르게 되어있어 로프트의 선택에 신중을 기하지 않으면 안 된다.

1) 고 탄성 드라이버의 대두

한동안 뜸했던 '비공인 고 탄성' 드라이버 출시가 한국 골퍼들의 유별난 장타 욕망 속에 다시 줄을 잇고 있다. 미국골프협회(USGA)와 영국왕립골프협회(R&A)의 반발계수 규제로 대다수 세계 골프용품업체가 고 반발 드라이버의 생산을 중단한 가운데 국내에서는 5~6개 브랜드 제품이 판매되고 있거나 시판을 앞두고 있다. 대부분 '한국형' 모델로 특별주문 생산된 것들이다.

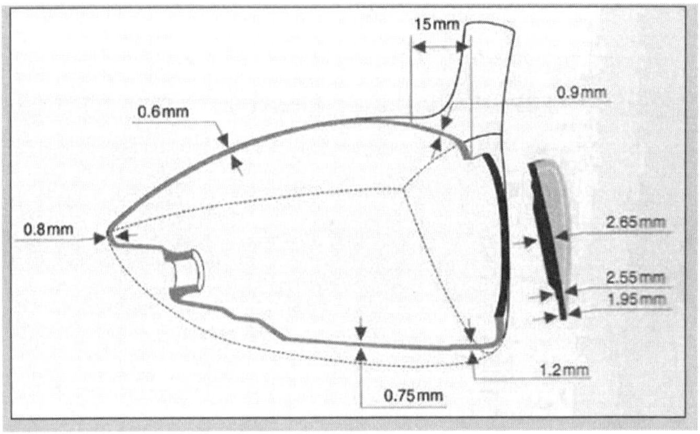

〈그림 29〉 고 탄성 드라이버의 구조

고 탄성 드라이버란 룰이 정한 페이스 반발계수(COR, Coefficient Of Restitution) 한계치인 0.83을 넘어서는 클럽이다. 골프를 관장하는 기구들은 장비기술보다는 골퍼의 기술에 의미를 두기 위해 공식대회 사용을 금지하고 있다. 하지만 골퍼들의 비거리에 대한 욕구는 사라지지 않으면서 수요가 공급을 부르는 양상을 보이고 있다. 불황기에 잇달아 등장하고 있다는 점도 주목할 만하다.

고탄성 드라이버의 비밀은 페이스 중앙은 두껍게, 가장자리 부분은 얇게 설계해 스프링 또는 트램펄린 효과를 유발시키는 데 있다. 일반 드라이버는 페이스가 부위에 따라 2가지 두께를 가지지만 고탄성 모델은 3가지 두께로 설계된다.

현재 반발계수 0.84~0.90 정도의 제품이 나오고 있다. 고탄성 제품으로 국내 인지도를 높인 카타나골프는 '스나이퍼(SNIPER) 4WD'를 내놓고 종래의 고탄성 헤드 설계에 4개의 웨이팅 밸런스를 장착해 방향 안정성도 높였다고 설명했다. 일본 웍스골프도 파워컵 바디 구조라는 독특한 디자인의 '맥시막스 스페이드'를 시판한다.

코오롱 엘로드의 'GX470α'는 한국형 비거리 드라이버를 표방했다. 헤드 크기(470cc)와 반발계수(0.84) 모두 제한치를 초과한 제품으로 고탄성 드라이버의 최대 약점이던 페이스 파손을 최소화하면서 클럽 전체 무게를 줄여 컨트롤 성능도 향상시켰다. 뱅골프의 일본 모델인 '뉴 LD425'와 '뉴 오매틱(OMATIC)'은 반발계수가 0.92에 달한다는 게 업체 측의 설명이다. 카스코가 오는 4월 중순 선보일 'D-MAX NCR' 역시 명칭(Non Conforming to Rule · 비공인)에서 드러나듯 고탄성을 강조하고 있다.

한 업체의 관계자는 "반발계수가 0.9라면 0.83인 드라이버에 비해 20야드 안팎의 거리 차이를 낼 수 있다"면서 "특히 40대 중반 이상 골퍼들의 수요가 많다"고 말했다. 하지만 일각에서는 어느 정도 스윙스피드가 나야 스프링 효과를 볼 수 있다고 주장하기도 한다.

3) USGA의 그루브 규제

미국골프협회(USGA)가 날로 발전하고 있는 골프 클럽 제조 기술을 막기 위해 이번에는 그루브 규제에 나섰다. AP와 로이터 등 주요 언론들에 따르면 USGA는 2010년부터 드라이버와 퍼터를 제외한 클럽 그루브(Groove)의 단면적 사이즈를 줄이고 각도는 25도 이상으로 규제하기로 했다.

드라이버 헤드 체적(460cc)과 탄성계수(0.83)를 규제했던 USGA가 이번에는 골프 클럽의 그루브 모양과 각도까지 규제하기로 나선 것. 이는 첨단 기술을 앞세워 계속 발전하고 있는 클럽으로 인해 선수들의 기량 측정이 더욱 어려워지고 있기 때문이다.

USGA의 기술 개발 부장인 딕 러그는 "전통적인 V자형 그루브 외에 U자, 직각 모양의 그루브가 개발되면서 볼의 회전력이 높아져 백스핀을 더 쉽게 구사할 수 있게 돼 그린 공략이 한층 쉬워졌다"며 "선수들의 기량을 구분할 수 있는 변별력이 사라져 규제를 시행키로 했다"고 이번 그루브 규제의 배경을 설명했다.

PGA와 LPGA 등 주요 골프협회와 선수들은 USGA의 이번 결정에 긍정적인 반응을 보이고 있다. 미국프로골프(PGA)투어는 USGA의 결정을 지지하며 "2010년 1월부터 새로운 규칙을 적용할 것이다."라고 밝혔고, 프로 선수 짐 퓨릭은 "그루브의 발달로 러프에서도 그린을 공략하기가 쉬워지게 됐다."며 "그루브를 제한하게 되면 멀리 정확하게 쳐야 하는 골프 본질의 의미를 되살릴 수 있게 될 것"이라고 말했다.

USGA는 향후 규제 대상인 그루브의 홈폭, 깊이, 모양 등을 세부적으로 정할 것이이라고 말했다. 이 규칙은 2010년 1월부터 USGA가 주관하는 프로골프대회에 우선 적용되며 아마추어골프대회는 2014년 1월부터 제한할 예정이다.

4) 롱 퍼터 사용 규제 논란

롱 퍼터 사용의 제한해야 한다는 의견이 다시금 제기되고 있다. 세계적인 골퍼 어니 엘스가 롱 퍼터와 벨리 퍼터 사용을 금지해야 한다고 주장해 논란이 되고 있다. 엘스는 지난 달 독일에서 열린 도이체방크오픈 때 "긴장과 퍼팅도 골프의 요소"라며 "몸에 고정을 하는 그것(롱 퍼터와 벨리 퍼터)은 완벽한 스트로크를 할 수 있게 해 퍼팅을 쉽게 한다"고 주장했다.

최근 비제이 싱을 비롯한 벨리 퍼터를 사용하는 선수들이 늘고 있는 추세이다. 지난 달 열린 도이체방크 오픈에서는 출전 선수들의 10%가 롱 퍼터나 벨리 퍼터를 사용한 것으로 조사되었다. 이번에 롱 퍼터와 벨리 퍼터에 대한 논쟁으로 벨리 퍼터를 사용하는 비제이 싱도 도마 위에 올랐다. 싱은 벨리 퍼터를 이용해 타이거 우즈의 세계랭킹 1위 자리까지 위협하고 있어 더욱 주목된다.

롱 퍼터를 사용하는 선수로는 비제이 싱, 폴 에이징어, 프레드 커플스, 스튜어트 싱크, 로코 미디에이트, 베른하르트 랑거, 콜린 몽고메리, 트레버 이멜만 등이 대표적이다. 폴 에이징어는 99년 소니오픈에서 벨리 퍼터를 사용해 우승한 첫 선수이며 도이치방크 오픈에서 벨리 퍼터로 교체한 이멜만 역시 우승을 차지했고 사이베이스 클레식에서 박지은을 제치고 5년 만에 우승한 셰리 스타인하우어도 그립 끝이 가슴까지 오는 롱 퍼터를 썼다.

USGA와 R&A측은 "롱 퍼터와 벨리 퍼터 사용제한에 대한 논의가 계속되고 있지만 퍼터의 길이 제한이 간단한 문제가 아니다"라고 밝혔다. 데이비드 페이 USGA 집행이사는 "만약 길이를 39인치로 제한할 경우 키 작은 선수는 벨리 퍼터처럼 사용할 수 있게 돼 여전히 문제가 많다"며 "롱 퍼터 우승자들이 많아지면서 불만이 커진 것 같다. 자연스러운 합의가 이루어지길 기대한다"고 말했다. 최근 ESPN 온라인 설문에서는 55%가 "롱 퍼터 사용을 금지해야 한다"고 대답했다.

제3장 아이언 샷

1. 클럽(Club)의 기본지식

골프는 다양한 용품, 용구를 필요로 하는 스포츠이다. 그 중에서도 특히 중요한 것이 클럽(club)이다. 클럽에 대한 정확한 지식은 스코어는 물론 골프를 즐기는 면에서도 큰 영향을 미치게 된다. 우선 클럽에 관한 기본적인 지식을 몸에 익히도록 한다.

(1) 클럽에는 3종류가 있다.

클럽은 크게 나눠서 우드(wood), 아이언(iron), 퍼터(putter) 3종류가 있다. 이들 각각의 클럽은 상황에 따라서 여러 가지로 사용되지만 기본적으로는 우드가 멀리 날리는 장타용 클럽, 아이언은 세컨샷을 하여 홀 가까이 붙이는 클럽, 퍼터가 홀 속으로 볼을 넣어 홀을 마무리하는 클럽이라고 기억해 두면 쉬울 것이다.

(2) 클럽의 번호는 길이와 로프트(loft)에 따라 다르며 비(飛)거리도 다르다.

1) 번호마다 성능이 다르다.

골프는 광대한 잔디 코스 위에서 멀리 떨어져 있는 저쪽의 한 점(홀)으로 볼을 옮겨가는 게임이기 때문에 비거리와 방향의 정확도가 매우 중요하다. 어느 쪽이나 스윙(swing)의 숙련도와 서투름이 결정적인 성공의 변수가 되지만 그 이전에 클럽(club)의 기능 문제를 짚고 넘어가야 한다. 특히, 비거리는 클럽의 번호에 따라 차이가 있다.

2) 긴 클럽일수록 멀리 나간다.

비거리를 결정짓는 가장 큰 요소 중 하나는 클럽의 길이다. 일상생활에서도 경험하는 일이지만 물건을 두드릴 때는 짧은 막대기보다 긴 막대기로 두드리는 편이 더 큰 힘이 전달되는 것은 길이가 길어질수록 원심력이 커지기 때문이다. 클럽도 이와 같은 원리로 되어 있다.

클럽 중에서 가장 긴 것은 우드 1번(드라이버, driver)으로 표준 길이가 43.5인치(약 108.75 센티미터)로 되어 있다. 그밖에 번호가 작아지는 순서대로 0.5인치씩 길이가 짧다.

3) 로프트(loft) 각도의 크기가 결정적 역할을 한다.

로프트란 볼을 치는 페이스(face) 면의 각도를 가리키는 말로 수직선에 대해서 몇 도인지를 나타내는 것이다. 이 각도가 작으면 작을수록 수직에 가깝고 크면 클수록 수평에 가까워진다. 이것이 볼의 비거리에 결정적인 영향을 준다.

로프트가 작다고 하는 것은 수직에 가까운 면으로 볼을 타격하게 되기 때문에 당연히 볼은 높이 뜨지 않는다는 얘기이다. 그만큼 낮게 멀리까지 날아간다. 반대로, 로프트가 크다고 한다면 수평에 가까운 면으로 볼을 치게 되기 때문에 볼은 제법 높이 올라간다. 반면 거리는 줄어들게 된다.

4) 드라이버(driver)가 가장 어려운 클럽이다.

클럽 중에서 가장 로프트가 작은 것은 드라이버로 로프트 각도가 보통 9.5°~12°의 가장 긴 클럽이다. 그 밖의 드라이버는 2, 3도씩 커져 샌드웨지(sand wedge)의 경우는 58도 정도 된다. 이처럼 골프 클럽은 로프트 각도를 통하여 타격거리가 점진적으로 바뀌어 나가게끔 설계되어 있다. 또 클럽은 길면 길수록 로프트가 작으며 작을수록 컨트롤이 어려워진다. 따라서 전체 클럽 중 가장 어려운 클럽은 드라이버로 볼 수 있다.

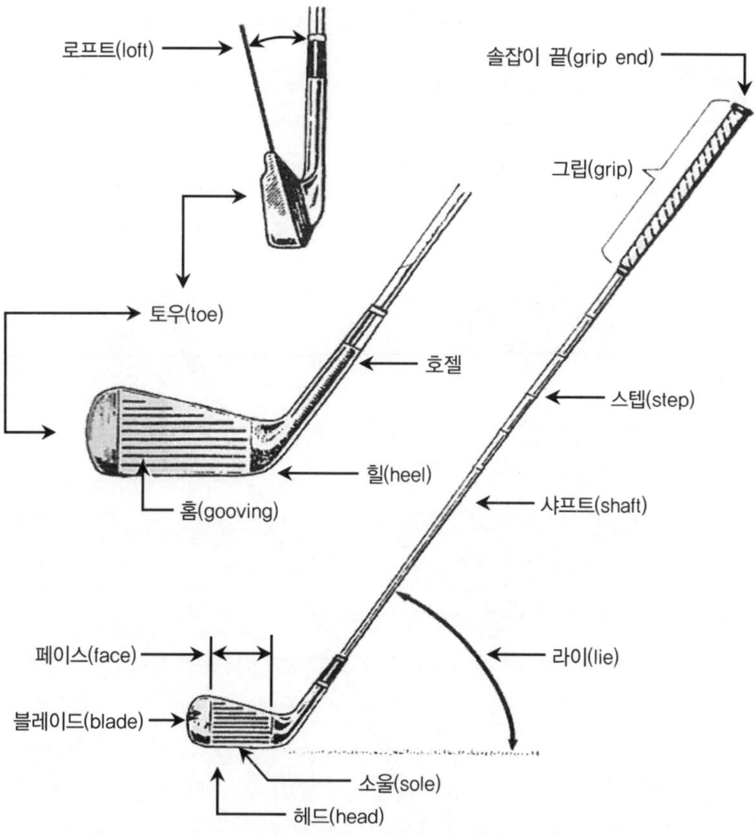

로프트(loft)
솔잡이 끝(grip end)
그립(grip)
토우(toe)
호젤
스텝(step)
힐(heel)
홈(gooving)
샤프트(shaft)
페이스(face)
라이(lie)
블레이드(blade)
소울(sole)
헤드(head)

〈그림 17〉 아이언 명칭

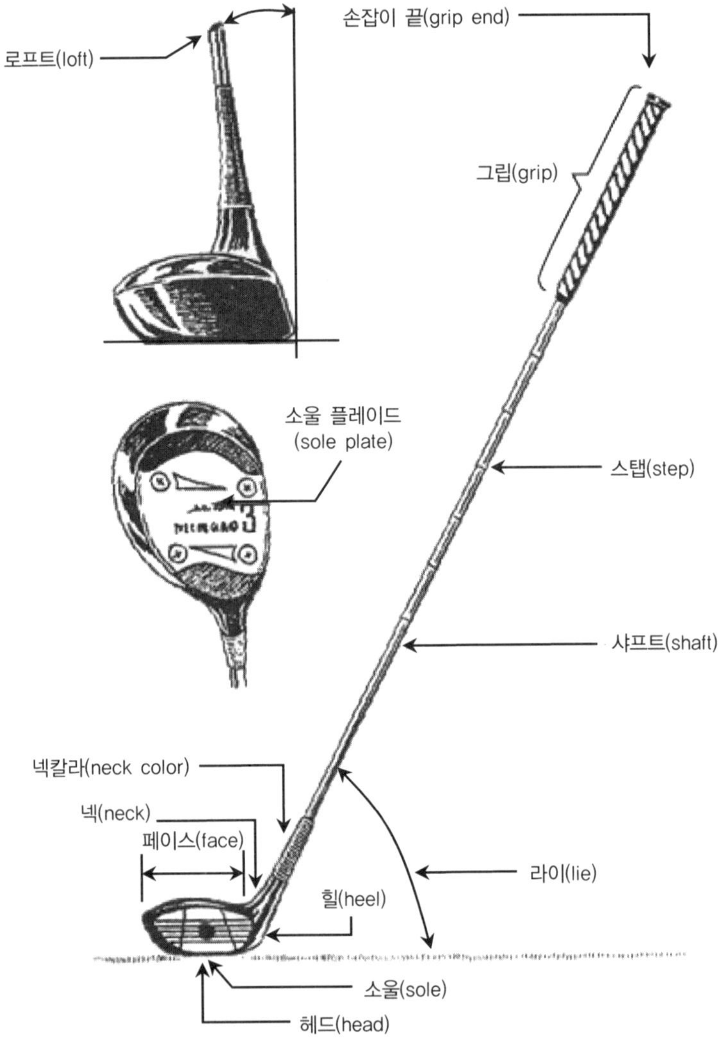
로프트(loft)
손잡이 끝(grip end)
그립(grip)
소울 플레이드
(sole plate)
스탭(step)
샤프트(shaft)
넥칼라(neck color)
넥(neck)
페이스(face)
라이(lie)
힐(heel)
소울(sole)
헤드(head)

〈그림 18〉 드라이버 명칭

2. 골프 스윙의 기본

골프는 클럽으로 볼을 치는 게임이다. 볼을 치기 위해서 클럽을 들어 올렸다. 아래로 내려치는 동작을 '스윙(swing)'이라 한다. 골프의 스윙에 관해서는 다양한 지침서가 나와 있고 스포츠 신문이나 골프 전문지에도 초보적인 기술을 가르치는 기사가 항상 게재되고 있다. 다양한 정보를 습득하는 것도 중요하지만 스윙의 기본원리를 이해하고 익히는 것이 기술 향상에 있어 가장 중요한 부분이다. 여기에서는 이제부터 골프를 시작하려고 하는 사람들이 반드시 알고 있어야만 하는 기본기를 중심으로 정리해 보기로 한다.

(1) 10가지 기본 동작

골프의 스윙은 주로 다음의 10가지의 동작으로 이루어져 있다.

1) 그립(grip): 클럽 잡는 법
2) 셋 업(set up): 일상적 준비과정
3) 어드레스(address): 준비
4) 테이크 백(take back): 백스윙의 처음 부분
5) 백스윙(back swing): 클럽을 뒤쪽으로 치켜 올리는 동작
6) 톱 오브 스윙(top of swing): 백스윙의 종점이자 다운스윙의 시작점
7) 다운스윙(down swing): 클럽을 아래로 내려치는 동작
8) 임팩트(impact): 볼과 클럽이 충돌하는 순간
9) 팔로우 스루(follow through): 임팩트 후에 클럽과 양팔을 뻗어 주는 동작
10) 피니쉬(finish): 스윙이 완결되었을 때의 자세

3. 그립(Grip)

그립은 골프에서 첫 단추를 끼우는 아주 중요한 부분이다. 그립 자체가 앞으로 골프 실력 향상에 큰 기여를 하게 된다. 그립은 그 사람의 얼굴과 같은 것이다. 그립이 견고하고 모양이 좋아야 그 골퍼의 장래를 보장할 수 있다. 그립의 종류는 크게 손가락을 쥐는 방법에 의한 3가지와 방향성을 좌우하는 손등에 의한 3가지 방법 등이 있다.

(1) 손가락으로 잡는 대표적인 3가지 그립

1) **오버래핑 그립**(Overlaping Grip)

일반적으로 많은 사람들이 사용하는 그립이다. 손이 크고 힘이 좋은 사람, 프로 지망 학생들이나 많은 프로, 아마추어들이 모두 애용하는 그립이다.

2) **인터로킹**(Interlocking Grip)

손이 적고 몸이 약한 여자나 아이들 또는 체력이 약한 남자들에게 좋은 그립이다. 그런데 체력이 약하지 않았던 잭니클라우스도 이 그립을 애용한 것은 특이한 예다.

3) 베이스볼 그립(Baseball Grip)

이 그립도 손이 적은 동양인이나 여자, 혹은 아이들처럼 대체로 손힘이 약한 사람들에게 적당하지만 많이 사용되지는 않는다.

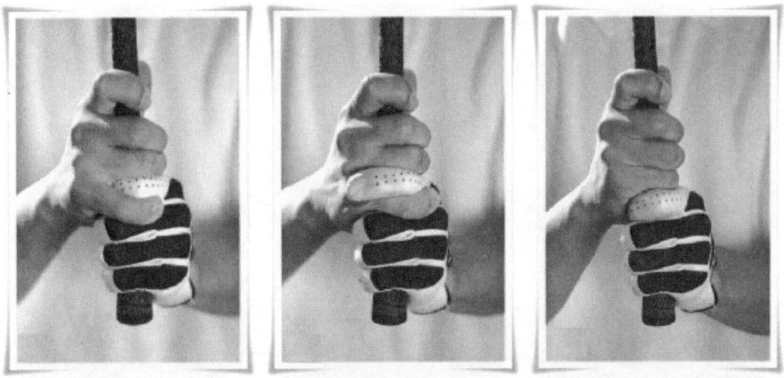

오버랩핑 그립 Overlapping Grip　　인터로킹 그립 Interlocking Grip　　베이스볼 그립 Baseball Grip

〈그림 22〉 그립의 종류

(2) 손등에 의한 그립의 방법

1) **스퀘어 그립**(Square Grip or Neutral Grip)

가장 일반적인 모양으로 손등마디가 두 마디 정도 보이도록 약간 덮는다. 양손의 V자 끝이 오른쪽 어깨와 턱 사이를 가리키며, 양손이 서로 마주보는 형태이며, 스트레이트 볼을 치기 위해 가장 많이 선호하는 방법이다.

2) **스트롱 그립**(Strong Grip)

일종에 훅 그립이라고도 할 수 있다. 왼손 손등에 손마디가 3개정도 보일 수 있도록 왼손을 돌려 잡는 그립이다. 오른손은 스퀘어보다 조금 오른쪽으로 돌려 쥐는데 훅볼이나 강한 임팩트를 위해 많이 사용하는 그립이다.

3) **위크 그립**(Weak Grip)

일종의 슬라이스 그립이다. 왼손 손등 손마디가 2개정도 보이면서 오른손을 왼쪽으로 많이 돌려 잡는 그립형태이며, 슬라이스 볼을 구사할 때 유리하다. 하지만 프로들이나 습관적으로 잡는 사람들 이외는 잘 사용하지 않는다.

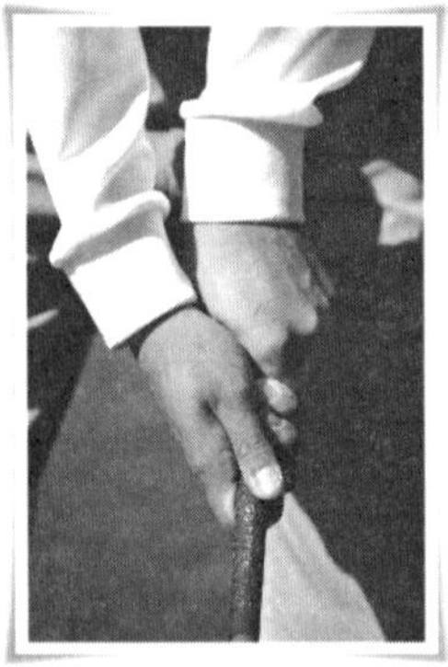

〈그림 23〉 스트롱 그립

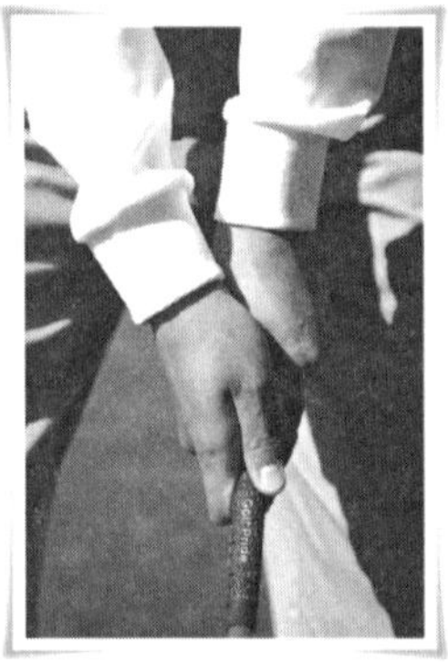

〈그림 24〉 스퀘어 그립

〈그림 25〉 위크 그립

(3) 그립 쥐는 방법

왼손의 손가락 끝에서 3번째 손가락을 살며시 말아 쥐되 스윙시 클럽을 놓치지 않을 정도로 한다. 왼손의 엄지손가락과 인지는 살며시 얹는다. 〈그림 14〉와 같이 새끼손가락과 엄지와 인지를 살며시 잡는다. 오른손은 손바닥이 타겟방향을 보게 펴서 왼손 아래쪽으로 말아 쥔다.

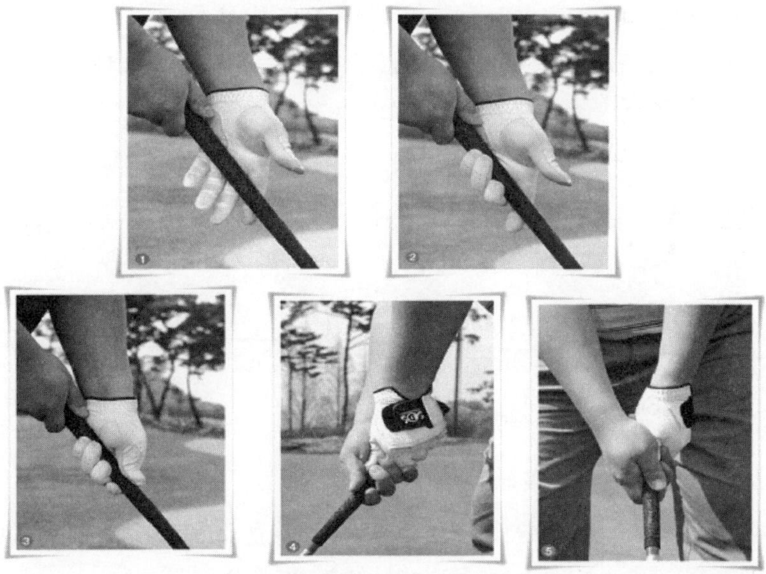

〈그림 26〉 그립 쥐는 방법

(4) 그립에서 주의해야 할 점과 알아 두어야 할 점

첫째, 그립이 두 손 안에서 빈틈없이 꽉 쥐어져야 한다. 엉성하게 잡는 것이 아니라 짜임새 있게 꽉 차게 안아주는 것과 같이 쥐어야 한다.

둘째, 스윙 중에 어느 지점에서도 느슨해져서는 안 된다. 특히 스윙 탑에서 왼손, 오른손 안에서 그립이 느슨해져서는 안 된다. 또한 피니시에서도 그립은 느슨해지지 않고 잘 쥐어 있어야 한다.

셋째, 힘을 빼기 위한 수단으로 오른손을 엉성하게 잡아서는 절대로 안된다.

넷째, 그립은 항상 꽉 쥐었다가 힘을 빼는 습관을 길러야 올바른 그립이 정립된다는 것을 알아야 한다.

다섯째, 어떤 그립을 잡던 양손을 짜임새 있게 잡고 있어야 한다. 이점은 프로들의 그립을 자세히 보고 따라하는 방법이나 그립 연습기와 같은 보조 기구를 사용하는 것도 좋은 방법일 것이다. 그것을 기준으로 잡아보면 좋은 모양을 만들 수 있다.

여섯째, 엄지와 인지 사이가 V자 모양으로 예쁘게 이루어지는데 신경을 써야한다.

4. 스탠스(Stance)

(1) 볼의 위치와 스탠스

스탠스는 원운동을 하기 위해 중심이 제대로 버틸 수 있는지의 판단이 되는 중요한 포인트이다. 즉, 좌우 백 스윙이나 팔로 스루에서 축의 중심을 잘 버틸 수 있는 견고한 스탠스가 필요하다. 대개의 경우 어깨 넓이에서 클럽의 길이에 따라 조금씩 달라진다. 하지만 아마추어 골퍼들은 이 스탠스를 너무 복잡하게 생각하지 않기를 권하고 싶다. 발의 넓이와 볼의 위치가 항상 너무 복잡해서 여러 가지 혼동하는 경우가 많아 간단히 정리해 본다.

1) 드라이브는 어깨 넓이 또는 좀 더 넓게 서도 좋다. 볼은 왼발 뒤꿈치에 두고 발은 약간 클로즈드 스탠스가 좋다.
2) 우드는 드라이브 보다 볼을 약간 오른쪽으로 옮기고 임펙트 하되 너무 볼의 위치에 집착할 필요는 없다. 때에 따라 볼의 위치, 발의 스탠스 위치가 늘 조금씩 변하게 되어 있다. 단지 잔디 위에 서 있는 자세가 견고한 지가 더욱 중요하다.
3) 아이언은 항상 양발의 중앙에 볼을 둔다. 양발의 위치는 어깨 넓이보다 약간 좁게 한다. 스탠스는 스퀘어 자세이나 때에 따라 오픈 또는 클로즈드 자세를 취할 수 있다.

4) 어프로치는 양발의 중앙에서 약간 오른쪽에 둔다. 그러나 스탠스는 오픈 스탠스다. 양발의 넓이는 편의에 따라 좁게 선다.

〈그림 23〉은 드라이버, 우드, 롱 아이언은 볼을 왼발 쪽에 놓지만 미들 아이언이나 숏 아이언은 양발의 가운데에 둔다. 이때 숏 아이언일 경우에는 약간 오픈 스탠스로 두는 것이 좋다.

(2) 스탠스의 종류

두발의 위치와 넓이를 어떻게 취하느냐가 바로 스탠스 선택의 어려움이다.

1) 스퀘어 스탠스

양발이 놓여 있는 볼과 평행을 이루는 위치이며, 스윙의 궤도는 인사이드인의 궤도로 되어 스트레이트 볼을 구사할 때 주로 사용한다.

2) 오픈 스탠스

볼에 대해 오른발보다 왼발이 뒤로 물러 나와 있는 발의 위치이며, 스윙 궤도는 아웃사이드 인의 슬라이스 궤도가 된다.

3) 클로즈드 스탠스

볼에 대해 왼발보다 오른발이 뒤로 물러나 있는 상태이며 스윙궤도는 인사이드 아웃이 되어 훅을 구사할 때 주로 사용하는 자세이다.

〈그림 27〉 볼의 위치와 스탠스

(3) 체형에 따른 스탠스와 볼 위치

드라이브부터 왼발 뒤꿈치의 직선 앞에 볼을 위치 시키면 된다. 우드 3, 4, 5번등의 순서로 오른발이 조금씩 왼쪽으로 옮겨지면 된다. 롱 아이언은 우드 5번과 비슷한 곳에 두며, 미들 아이언(5, 6, 7번)은 거의 양발 가운데에 볼을 둔다고 보면 된다. 숏 아이언은 중간보다 약간은 오른쪽이나 중간 정도가 좋다. 어드레스와 스탠스에서 가장 주의할 점은 몸의 중심을 발의 앞쪽에 두어 편안한 상태를 유지하면서 양발의 간격이 자기 체형에 맞는 것이 더욱 중요하다.

예를 들어, 키가 큰 사람이 좁은 스탠스를 유지하면 스윙 시 중심축이 흔들릴 가능성이 많으며, 키가 작거나 뚱뚱한 사람이 발을 너무 많이 벌리면 체중 이동에 또한 문제가 되므로 체형이나 체력에 따른 스탠스의 조절을 잘 하여야 한다. 가장 자연스러운 것은 일자로 서서 힙을 뒤로하고 무릎과 허리를 약간 구부리면 양팔이 자연스럽게 느려뜨려진 상태에서 그립을 쥐고 스탠스는 양발을 어깨의 폭만큼 벌려 몸의 중심이 양발바닥 앞뒤에 고루 버티는 느낌으로 어드레스하는 것이 좋다.

5. 어드레스(Address)

어드레스에서 가장 중요한 점은 편안하고 안정된 자세를 만드는 것이다. 우선 자기 어깨 넓이만큼 발을 벌리고 자연스럽게 서서 힙만 뒤로 약간 빼면 등줄기와 머리는 곧게 펴진 상태가 된다. 여기서 무릎을 약간만 구부리고 양손은 그대로 아래로 처져 있는 상태에서 변형되지 않게 왼손으로 골프클럽을 손에 쥔다. 왼손은 왼쪽 허벅지에서 주먹 한두 개의 간격으로 떨어지게 하여 여기에 오른손을 살짝 얹어주면 왼쪽 어깨보다 오른쪽 어깨가 손 하나 내려잡은 만큼 약간 왼쪽 보다 내려간다. 이 상태에서 온 몸을 10도만 오른쪽으로 돌리면 왼쪽 어깨가 약간 닫혀지게 된다. 이 상태가 가장 좋은 어드레스 자세이다.

〈그림 28〉 어드레스(측면, 정면, 뒷면)

(1) 어드레스에서 주의할 점

1) 등줄기와 머리가 구부정하지 않은가?
2) 체중의 중심을 양발바닥 앞뒤 좌우로 움직여도 버틸 수 있는 느낌이 오는가?
3) 그립에서 어깨의 힘이 들어가 너무 올라가 있지 않은가?
4) 볼을 칠 방향을 잘 잡았는가?
5) 편안하고 안정된 자세를 잡은 느낌인가?
6) 손과 몸의 거리가 잘 유지 되었는가?
   - 드라이버인 경우에는 아이언인 경우보다 거리를 충분히 띄운다.

6. 백스윙 스타트(Back Swing Start)

스탠스와 어드레스가 끝나면 스윙이 시작된다. 스윙의 스타트가 바로 백스윙이다. 시작이 반이라는 말처럼 스타트가 자연스럽게 이루어져야 백스윙 탑까지 가는 길이 무난하다. 천천히 힘 안들이고, 자연스럽게 테이크 백이 되어야 하는데 아마추어들이 힘들어 하는 곳이 바로 여기다. 그래서 필요한 연습이 몇 가지 있다.

① 클럽을 몸의 중심에서 좌우로 짧게 시계추 모양으로 흔들어 주는 연습을 한다.
② 손목 힘을 빼고 왜글(Waggle)을 해본다.
③ 스타트할 때 클럽을 땅에 누르거나 왼쪽으로 약간 눌러주는 방법이 있다.

백스윙 시 원활한 테이크 백을 위해 많은 노력을 해야 한다. 즉, 왼쪽 어깨와, 팔 그리고 클럽의 끝까지 하나의 스틱처럼 함께 백스윙하면서 볼과 목표물의 연장선상으로 곧바르게 바닥으로 붙여서 30cm 이상 길게 밀어주면서 허리높이까지 통과하여 한 번에 탑까지 이루어지도록 한다.

백스윙이 느리면 중간에 리듬이 끊겨 손과 어깨에 힘이 들어가기 때문에 다운스윙이 제대로 이루어지지 않는다. 이때 오른쪽 하체의 버팀이 조금이라도 백스윙 방향으로 밀려나서는 안 되며 왼쪽 힘도 따라 들어가서는 안 된다.

〈그림 29〉 백스윙

7. 하프스윙(Half Swing)

하프 스윙을 따로 설명할 필요는 없지만 주의할 점이 몇 가지 있다. 먼저, 왼팔이 쭉 뻗은 상태에서 오른쪽 허리 높이까지 온 것은 클럽의 꼭지가 목표 방향을 그대로 향하고 있어야 하며 클럽의 페이스는 앞을 향하고 있는 상태가 되어야 한다. 그리고 여기서부터 손목의 콕은 자연스럽게 이루어지게 한다. 그러나 반드시 손목의 콕은 왼쪽엄지 손가락 방향이어야만 한다. 또한 왼쪽 어깨가 턱밑으로 들어오면서 클럽 헤드 끝이 더 갈수 없을 정도로 뻗어 주어야 한다. 백스윙의 하프와 팔로 스루의 하프는 언제나 대칭이라는 것을 잊지 말아야 한다. 그래서 머리를 중심에 놓고 좌우 하프 스윙 연습을 하는 것은 연습 중에 가장 많이 해야 할 부분이다.

〈그림 30〉 하프스윙

8. 스윙 탑(Swing Top)

스윙 탑은 하프 스윙에서 어깨를 조금만 더 밀어 넣어주면 바로 스윙 탑이 된다. 스윙이 리듬을 가지고 백스윙이 되려면 자신도 모르는 사이에 곧바로 올라가야 리듬과 템포가 맞게 된다. 여기서 스윙 탑을 다시 설명하면 양어깨의 회전에 의해 하프 스윙 연습을 할 때 스윙이 좌우로 왔다 갔다 하다 반동에 의해 백으로 쭉 올라갔을 때 멈춰지는 지점이 스윙 톱이다. 즉, 스윙 탑은 반동에 의해 정해진 탑이 가장 이상적인 스윙 탑이다. 그러나 또 다른 방법으로 설명하면 그것은 탑에서 더 이상 넘어갈 수 없는 상태를 말한다. 이유는 왼쪽 손목의 코킹이 왼손 엄지의 버팀에서는 더 이상 넘어갈 수 없기 때문에 스윙이 넘어가지 않는 것이다. 여기서 백스윙이 더 이상 넘어간다면 그것은 왼팔이 구부러지거나, 손목이 안쪽으로 휘어지거나, 힙에 따라 들어가 왼쪽 허리가 늘어나면서 몸이 스웨이(sway)되는 등 잘못된 몸동작에 기인하고 있기 때문이다. 지금까지 그립에서 스탠스, 어드레스, 백스윙, 하프 스윙, 스윙 탑까지 스윙의 반은 이루어진 셈이다.

① 백스윙에서 손목을 쓰지 말고 어깨로부터 손목까지의 일체감으로 밀어 준다.
② 헤드의 바닥 면을 30~40cm 정도는 지면에 붙어 다닐 정도로 낮게 밀어 준다.
③ 하프 스윙까지는 클럽의 헤드가 몸의 우측선상에 앞뒤로 빠져나가지 않도록 한다.
④ 백스윙 시 스윙 리듬이 끊겨 손에 힘이 들어가지 않는가? (일관성 있는 원피스 스윙을 해야 한다.)
⑤ 스윙 탑으로 가는 동안 왼쪽 힙이 너무 따라 들어와 오른쪽 허리가 펴지지 않도록 주의해야 한다.
⑥ 체중이 오른쪽 발에 실렸는가? 이때 오른쪽 무릎의 각도는 어드레스 때와 같이 유지되어 있는가?
⑦ 코킹은 자연스럽게 이루어졌는가? 즉 왼손 엄지가 클럽을 잘 버티고 있는가?
⑧ 이제 클럽을 다운시킬 준비가 되어 있는가?

스윙의 탑에서 다운으로 전환되는 지점은 빠르지도 느리지도 않은 전환점에서 이루어져야 한다는 것이다. 즉, 빠른 사람은 쉬었다 내려오는 기분으로 느린 사람은 스윙 탑에서 바로 전환점이 이루어져야 한다는 점이다.

⑨ 여성이나 주니어들은 어깨의 턴이 유연하지만 몸이 굳어 있는 남성들은 어깨 턴을 위해 많은 연습이 필요하다. 단 여성들이나 주니어들은 손목 힘이 없어서 다운스윙 중간 지점에서 손목이 미리 풀리는 것을 주의하여야 한다.

〈그림 31〉 스윙 탑

9. 다운스윙(Down Swing)

높이 올라가 있는 클럽을 내려치는 것은 그리 어려운 일이 아니다. 단지, 코킹을 풀지 않고 어깨 턴에 의해 내려지는 클럽은 언제 어디서 코킹이 펴졌는지, 클럽의 궤도가 어떻게 내려 왔는지, 나의 몸이 체중을 왼쪽으로 이동하면서 왼쪽을 잘 버티고 클럽이 볼을 향해 던져지고, 오른쪽에 있던 체중은 왼쪽으로 옮겨가는 이 하나의 과정이 순식간에 이루어지기 때문에 집중하지 않으면 모든 행동은 순식간에 지나가게 된다. 그러므로 다운스윙은 바로 아마추어 골퍼들의 적이라고 봐도 된다. 모든 실수는 다운스윙에서 이루어지는 것이다. 우리는 바로 여기서 많은 것에서 함정에 빠지지 않도록 주의하여 연습해야 한다.

① 스윙 탑에서 다운으로 전환되는 타이밍을 맞춘다.
② 힘 안들이고 쉽게 내린다. 즉, 어깨 턴으로 코킹 그대로 탑 스

윙의 모양을 그대로 끌고 내려온다.

③ 허리 높이까지 내려온 후는 오른손 팔꿈치를 풀어준다. 손목은 최대한 늦게 푼다.

④ 하체의 체중이 왼쪽으로 이동하되 머리까지 따라가면 안 된다.

⑤ 백스윙에서 어깨와 팔이 삼각형으로 이루어진 대로 스윙되는 것과 마찬가지로 탑에서 다운도 오른팔, 왼팔이 손목 코킹과 같이 변형됨 없이 내려와야 한다. 그렇게 하려면 어깨의 턴에 의해서 다운이 되어야 한다. 또한 오른쪽 발은 오른쪽 팔이 인사이드로 들어올 수 있도록 옆으로 비켜주면서 체중이 자연스럽게 왼쪽으로 이동되면서 허리높이에서 오른팔을 뻗어주는 느낌으로 하여 양팔의 삼각형 자세 즉, 어드레스 시 취했던 원형의 자세로 이루어지며 임팩트로 이어진다.

⑥ 여기서 주의할 점은 백스윙에서 올라간 팔을 따라 몸이 따라가고, 다운스윙에서 내려오는 팔을 따라 몸이 밀려나가는 것을 잡아주는 것이다. 즉, 백스윙에서 하체의 밀림 없이 체중이 이동되면서 스윙 탑이 형성되는 것과 마찬가지로, 다운스윙에서 역시 하체의 밀림 없이 체중 이동과 동시에 임팩트가 형성되는 과정이 가장 중요한데 골프의 전부가 여기에 있다고 해도 과언이 아니다. 다운스윙의 궤도는 인-아웃으로 이루어져야하며 손목은 코킹 된 상태로 그냥 내려와야 한다. 또한 머리 및 모든 몸의 어느 곳이던 상하나 좌우로 스웨이가 되어서는 안된다. 간단한 말하면 헤드업 하지 말고, 머리와 어깨가 앞쪽으로 엎어져서 클럽보다 먼저 나가지 말라는 것, 즉 머리와 몸통이 뒤에 남아있는 상태에서 임팩트가 이루어져야 하는 것이다. 이러한 다운스윙의 습관을 계속적인 연습으로 마스터하여야 한다.

거울을 보고 백스윙 탑에서 다운스윙을 인위적으로 만들어 보면서 다운스윙 동작을 하루에 50번씩 한 달 정도를 해본다. 과연 코킹의 풀림 없이 자연스럽게 왼쪽 하체의 버팀 속에 다운스윙이 자연스럽게 이루어지는가? 이 연습 될 때까지 꾸준히 하도록 한다.

〈그림 32〉 다운스윙

10. 임팩트(Impact)

올바른 다운스윙이 올바른 임팩트를 이루게 된다. 이 말은 클럽의 헤드가 궤도로 들어와서 볼에 직각이 되도록 맞추어야 올바른 임팩트가 된다는 뜻이다. 즉, 클럽이 인사이드의 궤도라야 하며 임팩트 지점에서 볼과 직각을 이루어야 볼은 파워 있게 스트레이트로 날아간다.

1) 임팩트 시의 주의할 점.

① 볼을 때리려고 하지 말고 치고 나가는 느낌을 갖는다. 즉, 임팩트 후 볼을 헤드가 쫓아가는 느낌이다.
② 어깨와 두 팔의 삼각형을 만들면서 임팩트 시 두 팔은 쭉 뻗어주는 느낌을 갖는다.
③ 임팩트 시 볼을 잡아 놓고 치는 기분을 갖는다.
④ 머리는 항상 볼 뒤에 남아 있도록 한다.
⑤ 왼쪽 다리의 버팀이 없이는 임팩트도 없다.
⑥ 몸과 팔의 거리가 벌어지면 임팩트가 약하다.
⑦ 하체를 버티며 클럽이 떨어지는 빈 스윙 연습을 많이 한다.

〈그림 33〉 임팩트(정면, 측면)

11. 팔로 스루(Follow Through)

팔로 스루는 임팩트가 잘 만들어지면 자연적으로 좋은 팔로 스루가 이루어진다. 임팩트 자세에서 볼이 클럽의 헤드와 직각으로 만나고, 볼이 클럽의 헤드에 같이 묻어간다는 느낌이 이루어져야 한다. 이때 오른쪽 어깨는 턱 밑으로 다운되어 이동하여야 하며 오른쪽 팔을 펴줌으로써 이는 백스윙 시 왼쪽 어깨가 턱 밑으로 들어가고 왼팔이 쭉 뻗어지는 것과 대칭인 관계이다.

이렇게 체중이 이동하면서 오른팔이 클럽과 함께 공의 방향을 따라서 긴 팔로 스루가 이루어지게 된다. 이후 몸의 턴과 어깨 턴에 의해 탄력을 받아 피니쉬가 이루어진다. 그런데 필드에서는 연습장에서와는 달리 피니쉬가 끝까지 잘 안 되는 것을 느끼며 그렇게 쳐 왔을 것이다.

왜 그럴까? 바로 볼을 때리려고만 하기 때문이다. 볼을 때리면 팔로 스루는 때린 상태에서 끝이 나니까 팔로 스루가 이루어질리 없으며 피니쉬 또한 이루어지지 않는다. 필드에서야 하늘을 지붕 삼아 서 있으니 집중력이 떨어질 것은 당연한 노릇이고, 대지 위에서 있으니 내가 서있는 자리가 어딘지 정신이 없는 것은 초보 아마추어 골퍼가 느끼는 공통된 점이다.

게다가 백스윙에서 클럽을 들고 휘두르다 보면 언제 어떻게 올라가서 언제 어떻게 내려왔는지 모르고 18홀이 끝날 때가 많다. 팔로 스루와 피니쉬는 팔로 스루가 잘 이루어진 후 체중 이동이 잘되면 피니쉬는 안정감 있게 자연히 이루어지는 것이다. 팔로 스루는 백스윙의 하프에 대칭이라고 생각하면 된다.

(1) 주의하여야 할 몇 가지

1) 왼쪽의 축을 잘 버티어야 한다.
2) 머리는 공 뒤에 남아 있어야 한다.
3) 오른쪽 어깨는 턱 밑으로 턴 되어야 한다.
4) 임팩트에서 강력한 힘으로 체중 이동과 팔이 볼을 따라 쭉 뻗어져야 한다.

〈그림 34〉 팔로 스루

〈그림 35〉 피니쉬

12. 피니쉬(Finish)

(1) 피니쉬의 이미지를 머릿속에 그린다.

피니쉬는 클럽을 다 휘둘러서 스윙을 완결 짓는 최종 단계를 가리킨다. 이제 스윙은 끝났으니까 폼 따위는 아무래도 좋을 것이라고 생각하는 경향이 있지만 피니쉬가 깨끗이 처리되지 않는 사람은 대부분 좋은 스윙을 할 수 없다. 오히려 초보자는 어드레스 때부터 정확한 피니쉬의 형태를 상상해서 그 이미지대로 몸을 가져가도록 하는 편이 올바른 스윙에 도움이 된다.

(2) 상반신은 표적을 마주 본다.

피니쉬의 형태를 몸의 윗부분에서 살펴보면 우선 양손 그립은 왼쪽 귀 뒷부분까지 치켜 올려지고 거기에 따라 양팔은 목에 감기는 것 같은 모습이 된다. 팔로스루로 머리 밑에 있던 오른쪽 어깨가 회전에 의해 머리를 틀어주며 머리, 가슴, 배 등의 상체는 목표 방향을 똑바로 마주보게 된다.

(3) 체중은 왼발에 싣는다.

체중은 완전히 왼발에 싣고 오른발은 발끝 부분만이 지면에 닿아 있을 뿐이다. 바꿔 말하자면 오른발을 앞으로 내딛으며 곧 걸을 수 있는 자세이다. 이 때 체중이동을 잘 할 수 없으면 자세가 무너져서 흔들려 버린다. 전체의 자세는 허리를 중심으로 활모양으로 휘어져 정면에서 보면 '역 C자형'이 되는 것이 이상적이다.

13. 9가지 공의 구질

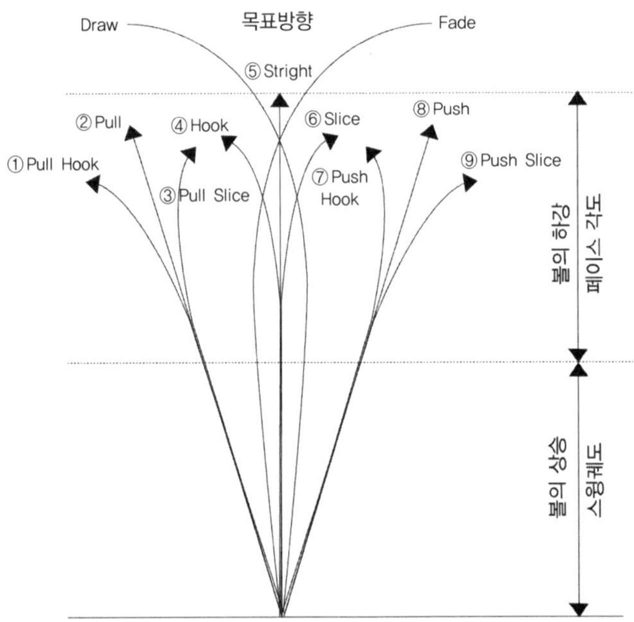

Face Closed	① Pull Hook	④ Hook(Draw)	⑦ Hook
Face Square	② Pull	⑤ Stright	⑧ Push
Face Open	③ Pull Slice	⑥ Slice(Fade)	⑨ Push Slice

〈그림 36〉 공의 구질

14. 스윙의 이해

(1) 스윙의 의미

골퍼들은 본인만이 느낄 수 있는 스윙(swing)이 있다고 믿는 경우가 많다. 운동신경이라고 표현하기도 하지만 단순히 운동신경이라는 차원을 넘어서 저마다 가지각색의 스윙의 습성을 가지고 있다는 뜻이다. 아마도 인간은 처음 골프라는 운동을 접하게 되었을 때, 스윙을 표현하는 형태가 운동신경과도 연결 되어, 걷어 올려치기도하며 또는 한없이 내려치기도 하는 독특한 스윙 형태를 갖고 있다는 것이다. 이러한 현상은 골프를 처음 배우는 초보자에게도 나타난다. 같은 내용의 레슨을 받아도 한없이 올려치는 사람이 있는 반면 골프장 토목공사를 하러 왔는지 끊임없이 죄 없는 페어웨이를 파고 있는 사람이 있다. 이러한 스윙의 형태는 거리와 방향에 기인한 자신의 스윙을 극복하기 위한 노력으로 보아야한다.

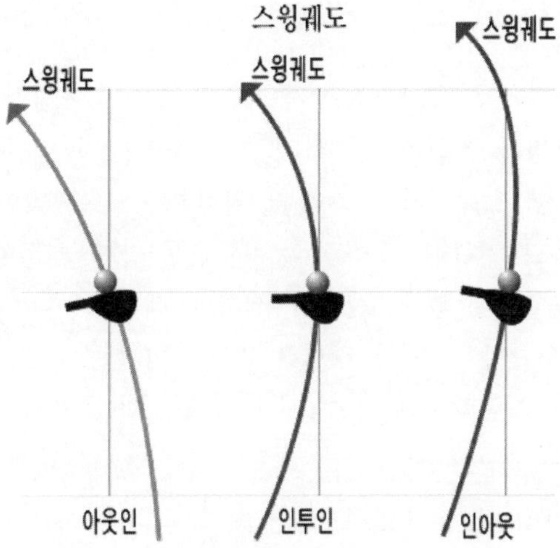

〈그림 33〉 스윙궤도

거리와 방향, 이 두 가지가 쉽게 해결된다면 어쩌면 골프는 쉬운 스포츠가 될 것이며 매력이라고는 찾아볼 수 없는 싱거운 스포츠의 대명사가 될 수도 있다. 타고난 스윙의 습성 중에서도 대부분의 사람이 갖고 있는 것은 골프가 볼을 띄워 올려 보내는 경기이다 보니 대체로 올려치려는 습성을 갖고 있다.

이렇게 걷어 올려치려는 습성의 결과는 골프에서 가장 어려우면서도 고질적인 문제인 슬라이스라는 형태로 나타나게 된다.

힘이 바탕이 될 수밖에 없었던 전통적인 스윙의 기초는 하체의 리드를 중시 여겨 큰 아크(Arch)를 그리며 클럽을 이용한 반면, 경량화된 장비의 발달로 거리의 부담을 덜게 되는 현대 스윙은 상체의 리드와 스피드 그리고 간결한 스윙으로 체력 안배를 중요시하여 스윙의 변화를 가져오게 된다. 또한 큰 아크를 중심으로 하는 전통적인 스윙은 클럽을 잡은 팔의 간격이 커지면서 팔의 쓰임이 커지게 되었다면 현대 스윙은 클럽을 잡은 팔과 몸의 조화 또는 스윙의 회전이 동시에 일어나는 바디 턴(body turn) 또는 레벨 스윙(level swing)을 가능하게 만들었다.

골프에 대한 가장 좋은 조언 중의 하나는 "골프게임을 즐겨라"이다. 하지만 스윙의 핵심을 이해하기 위해서는 단지 즐기는 차원이 아니라 경기 도중 흐트러지는 스윙을 점검하며 심한 압박감 속에서도 감정을 조절하고 일관된 스윙을 할 수 있게 다시 재정비한다는 개념으로 이해하는 것이 좋다. 시대와 상황에 따라 스윙의 핵심은 변할 수 있을지도 모른다. 하지만 경험은 가장 중요한 스윙의 핵심이며 여기에 이론적인 스윙의 역학 또한 반드시 필요한 스윙의 핵심이다.

(2) 업라이트(upright)와 플래트(flat) 스윙

1) 수직 치기와 수평치기

스윙 중에 클럽 헤드가 그리는 궤도에는 업라이트 스윙과 플래트한 스윙이라는 구분이 흔히 이루어진다. 같은 길이의 클럽을 사용했을 경우 키가 큰 사람은 손의 위치도 높아지기 때문에 볼에 가깝게 서서 어드레스 한다. 당연히 클럽은 수직 방향으로 치켜 올려져 업라이트 스윙이 된다. 키가 작은 사람은 반대로 플래트 스윙이 된다.

2) 클럽 번호에 따라서도 변한다.

같은 사람이라도 클럽의 길이에 따라서 달라진다. 가장 긴 드라이버일 때는 볼에서 떨어져 서기 때문에 플래트, 번호가 커짐에 따라서 클럽의 길이가 짧아져 볼에 가까워지기 때문에 업라이트가 된다.

3) 스윙은 본인의 개성

그러나 이것들은 원칙적인 이론으로 프로의 세계를 봐도 같은 정도의 큰 키이면서도 업라이트를 좋아하는 선수도 있고 플래트를 좋아하는 선수도 있다. 이것은 스윙의 개성 혹은 버릇이라고 한다.

4) 시대에 따른 유행이 있다

일반적으로 업라이트 스윙이 방향이 좋고 플래트 스윙이 거리가 난다고 한다. 단, 시대에 따라서도 유행이 있어 어느 쪽이 좋으냐는 일률적으로 판단하기 어렵다.

〈그림 38〉 업라이트와 플래트 스윙

5) 스윙은 항상 일정

드라이버 샷에서 제거하지 않으면 안 되는 것이 올려치기에 대한 인식이다. 앞에서도 언급했듯이 비교적 넓은 스탠스로 왼발 앞에서 티업 된 볼을 때리는 것이기 때문에 이미 어드레스의 시점에서 올려치는 형태로 볼을 타격하는 자세는 완성되어 있다. 그런데 아마추어의 대부분은 의식적으로 상향타격의 스탠스를 취하려고 하기 때문에 어드레스 때 오른쪽 다리에 체중이 많이 가해져서 볼을 퍼 올리는 임팩트가 되고 있다. 상당히 많은 양의 체중이 오른쪽 다리에 남은 피니쉬가 되는 것도 첫째로는 이 올려치기에 대한 의식이 원인이 되고 있다. 어드레스에서는 좌우의 장심에 균등하게 몸무게를 두고 정확한 체중 이동 동작으로 볼을 때린다.

15. 클럽의 사용: 아이언(Iron)

아이언에 대해서는 중요한 점만 집고 넘어가기로 한다. 1, 2, 3, 4번이 롱 아이언이고 5, 6, 7번이 미들 아이언이며 8, 9번이 숏 아이언 그리고 피칭 웨지와 샌드웨지로 구분한다. 아이언은 장타를 노리는 클럽이 아니라 정확한 지점을 노리는 클럽이다. 스윙 그 자체는 다른 스윙과 같다. 그러나 주의할 점은 아이언을 찍어 친다는 말에 우리는 볼을 치면서 몸의 변화를 이루어 스윙을 망치게 된다.

아이언은 다운스윙 중에 최저점 바로 전에 맞는 것이고 드라이브는 저점에 올라가는 타이밍에서 맞으며 우드는 최저점 그 자체에서 임팩트가 이루어진다고 보면 된다. 그런데 롱 아이언은 거의 우든 클럽과 같은 위치에서 쓸어 치는 기분으로 친다고 보면 되고, 미들 아이언은 거의 양 스탠스의 중앙에서 볼이 맞는다고 보면 된다. 숏 아이언도 역시 중앙에 두거나 다소간 중앙에서 볼 한 개정도로 우측으로 놓아도 좋다.

클럽 샤프트의 경우 힘이 좋은 젊은이는 스틸 샤프트 아니면 그라파이트(Graphite), 보런 샤르트(Boron Shaft)의 S강도를 써도 좋으며 일반 아마추어는 레귤러의 강도를 쓰는 것이 보통이다. 물론 보통 여성 골퍼는 레이디 샤프트를 쓰면 된다. 클럽의 메이커는 수없이 많으므로 주위의 추천을 받아 자기에게 맞는 클럽을 선택해야 한다.

(1) 아이언의 종류별 샷

1) 롱 아이언은 클럽이 길고 헤드의 각이 많이 서 있으므로 클럽이 임팩트 순간 직각으로 임팩트 되기가 여간 어려운 게 아니다. 결국 사이드 블로우(side blow)로 쳐내야 제대로 칠 수가 있다. 역시 긴 클럽은 다운스윙에서 몸보다 늦게 임팩트 되는 경우가 많아 슬라이스가 많게 되므로 주의가 필요하다. 내려치려는 마음보다는 쓸어 치고 지나가는 즉 임팩트 점에서 쉬지 않고 지나가는 기분으로 쳐야 볼과 직각으로 만날 수 있으며, 무리 없이 스윙이 이루어지면서 팔로 스루가 되어야 한다.

2) 미들 아이언은 다른 아이언보다 거리와 방향이 정확한 샷을 구사하기 좋은 클럽이며, 또 가장 많이 연습을 한 클럽이기에 더욱 실수가 없어야 하겠다. 롱 아이언이든 미들 아이언이든 어깨는 충분히 턴을 해주어야 하며 백스윙은 되도록 오버하지 않은 것이 좋다. 다운스윙에서는 하체 리드가 중요하다. 역시 다운블로에서 볼이 맞으면서 저절로 쉬어가는 기분이 들게 되며 과감하게 임팩트 한다.

3) 숏 아이언에서 특히 주의할 점은 어깨의 턴을 충분히, 다운스윙시 하체 리드, 피니쉬에서는 클럽이 공을 따라가는 팔로 스루이어야만 한다. 이 팔로 스루는 확실하게 해두어야 한다. 짧은 클럽일수록 헤드업에 조심해야 하며 원활한 체중 이동을 위해서는 스탠스는 좁게 서야 한다.

4) 피칭에서는 위의 숏 아이언과 같은 스윙이지만 특히 팔로만 치

는 샷은 안 되며, 훅을 조심한다. 짧은 클럽 일수록 피니쉬가 크면 목표방향의 샷이 틀려질 가능성이 크다.

5) 샌드 샷은 스윙 자체가 풀 스윙 하듯이 팔로 스루를 확실히 해야 한다. 클럽의 임팩트 지점은 공의 후방 5cm정도 이내의 지점에서 모래를 삽으로 퍼내듯 스윙 한다.

6) 롱 아이언에서부터 치핑에 이르기 까지 모든 아이언의 스윙은 어깨의 충분한 턴이 이루어져야만 된다는 점을 잊지 말아야 한다. 다운스윙도 어깨의 일체된 동작으로 이루어져야 하며, 팔로 스루는 오른쪽 어깨가 따라 들어가야 한다.

(2) 핸드 퍼스트(hand first)와 오픈 스탠스(open stance)는 필요 없다.

1) 스탠스를 좁히는 것으로 모든 것이 해결된다.

숏 아이언 샷을 할 때면 의식적으로 양손을 앞으로 위치시키고 스탠스를 열어주는 형태로 어드레스 자세를 취하는 초보자가 많다. 그러나 이것은 기본적으로 필요 없는 동작이다. 숏 아이언도 드라이버와 마찬가지로 몸의 정면에서 볼을 때린다는 점에선 변함없기 때문에 하향타격의 형태를 의식할 정도 오른발을 왼발에 접근시켜 주면 된다. 이렇게 해주면 몸의 가운데 지점(턱의 위치)이 왼쪽 다리 근처가 되기 때문에 의식하지 않아도 볼을 위에서 내려치는 모습이다.

숏 아이언의 탑은 3분의 2크기로 하라는 조언을 흔히 듣지만 이것도 착각하지 말아야 한다. 왜냐하면 작고 치밀한 샷이란 스탠스의 폭에 의해 결정되는 것이지 의식적인 상체조종만으로 만드는 것은 아니기 때문이다. 스탠스를 좁히는 것은 정확하게 볼을 맞출 수 있는 확률을 높이는 것으로 스탠스가 좁아짐에 따라 중심의 이동도 작아지기 때문에 결과적으로 탑도 3분의 2 크기가 된다. 자세 자체가 앞으로 기울어지도록 하는 것은 실수의 원인이다.

(3) 아무래도 왼쪽으로 가는 것 같으면 볼을 1개분 정도 안쪽으로

1) 즉흥적 수정이 필요한 경우도 있다

기본적으로는 핸드 퍼스트(hand first)나 오픈 스탠스(open stance)는 필요 없다고 했지만 컨트롤 샷의 경우는 예외이다. 이때에는 핸드 퍼스트, 오픈 스탠스의 어드레스가 중요한 의미를 갖게 된다.

핸드 퍼스트의 어드레스는 볼이 굴러가는 것을 막고 공중으로 높이 띄워서 표적 지점에 정확히 떨어뜨리고 싶을 때에 이용하는 자세이다. 단, 이 자세에서의 샷은 볼에 대한 타격을 억제하는 것 같은 형태가 되기 때문에 볼은 아무래도 우측으로 나가기 쉽다. 따라서 그만큼 좌측을 향한다는 의미로 오픈 스탠스가 필요해져서 이 두 가지 컨트롤 샷의 기본이 된다.

(4) 아이언 샷 다루기(Learning the Irons)

영국의 스윙 머신 닉 팔도(Nicholas Alexander Faldo)는 아이언을 잘 쳤을 때 전율을 느낄 정도의 쾌감을 가진다고 했다. 다른 클럽에 비해서 임팩트 때 정확하게 타격이 되면 볼을 맞고 지면에 디봇을 내면서 느끼는 감각적인 부분이 많이 표현되는 것이 바로 아이언 샷이다. 티 샷을 페어웨이 한복판에 잘 보내 놓고도 두 번째 샷에서 그린을 놓치면 실망과 더불어 경기력에 자신감을 잃게 된다. 볼이 항상 핀의 왼쪽 또는 오른쪽에 붙기를 바란다면 아이언 샷에 자신감을 가져야 한다.

자니 밀러(Johnny Miller)는 '목표에서 1.5m 떨어진 곳에서도 볼을 깎아 쳐서 스핀을 걸 수 있다'고 한다. 또 최고의 플레이어는 목표에서 10야드 떨어진 곳에서도 드로우 샷을 할 수 있어야 한다고 한다. 그만큼 어느 거리에 있든 최고의 플레이어는 정확한 샷을 가지고 있어야 하며 하나의 구질을 이용한 공략이 우선되어야 한다고 하는 것인데 정확한 샷을 위해 아이언 샷을 공부해 보자.

1) 페이드(fade) 치는 법

많은 투어 프로들이 드로우를 선호하지만 아이언 샷에서는 페이드 구질이 그린을 공략하기가 좋다. 볼이 많이 구르지도 않지만 그린에 부드럽게 안착시킬 수가 있기 때문이다. 일반적으로는 페이드 샷은 손을 사용하지 않는 스윙이라고 하는데 반드시 그런 것은 아니다. 스윙에서 손의 움직임은 매우 중요하다. 대신 릴리스 동작을 생략한다면 더 좋은 결과를 얻을 수 있다. 스윙하는 동안 팔과 손목의 각도를 유지하면서 손의 움직임이 주도되지 않도록 하는 것이 좋은 방법이다.

a. **페이드 샷**

- 어드레스는 오픈 스탠스 자세를 취한다.
- 임팩트를 지날 때 가급적이면 헤드를 늦게 끌고 내려와 자연스러운 오픈 상태를 만든다.
- 가파르게 백스윙을 가져가지만 임팩트 때는 약간 깎아 치는 듯 궤도를 유지 한다.
- 왼쪽 허리를 적극적으로 회전시켜 준다.
- 피니쉬 쪽을 길게 가져가기보다는 짧다는 느낌으로 마무리한다.
- 클럽 페이스를 유지한다.

b. **피니쉬**

목표점에 볼이 떨어질 때까지 피니쉬 모습을 그대로 취한다. 리듬과 자신만의 템포가 살아날 것이다. 마지막 포인트는, 볼을 치고 난 후 몸의 움직임은 매우 중요하다. 오른쪽 어깨를 적극적으로 움직여야 한다. 손목을 고정시키고 가슴과 오른쪽 어깨를 왼발 앞까지 지나갈 정도로 확실히 회전시킨다.

2) **드로우 치는 요령**

a. **임팩트에서 팔의 회전과 왼손 손목의 사용법**

드로우 샷이 좋은 점은 거리를 얻을 수도 있지만 목표를 향해 날아갈 때 어느 정도 그 목표에 근접할 수 있는 감을 가지고 있다. 하지만 드로우 샷은 페이드 샷보다 다루기가 어려운 샷임에는 분명하다. 드로우 샷은 실수를 범했을 때 훨씬 나쁜 결과를 초래하기 때문이다. 우측으로 떨어지는 페이드 샷의 감각은 어느 정도 우측으로 휘어지는지 감이 생기지 않지만 드로우 샷에서는 목표점에 근접하게 조절할 수 있는 기본적인 능력이 우리에게 있다. 드로우 샷을 날리기 위해서는 팔을 조금 더 회전시키면서 테이크 어웨이를 가져간다. 그러나 지나치게 회전해서는 안 된다. 팔을 실제로 회전하기 보다는 회전한다는 느낌을 갖는 것이 중요하다.

b. 임팩트에서 팔의 회전

임팩트 후 왼팔이 얼마나 빨리 접히고 있는지 점검해 본다. 이는 클럽 헤드가 얼마나 빨리 닫히는가에 달려있다. 지면과 90도의 각도를 유지하자. 이는 많은 투어 프로들에게 공통적으로 나타나는 스윙 요소이며 볼의 정확도를 높여 준다.

마지막 피니쉬 자세로 가기 위해서는 클럽 헤드가 가파르게 피니쉬로 연결되도록 헤드 무게와 더불어 왼팔이 지면과 수직인 상태에서 왼손 손목의 가파른 코킹도 이 시점에서는 매우 필요하다. 드로우 치는 방법에서는 오른팔 릴리스 동작도 매우 중요함을 잊지 말아야 한다. 스매싱이나 릴리스 단계에서 리-코킹(re-cocking)과 같은 테크닉을 연습해 보자.

c. 드로우샷

- 어드레스는 클로즈 스탠스 자세를 취한다.
- 셋업 자세의 변화 없이 팔과 손의 릴리스만 변화를 주자.
- 손목은 임팩트 후 클럽을 잡은 그립보다는 헤드를 먼저 보내는 느낌을 갖게 한다.
- 회전을 통해 임의로 볼을 만들어 본다. 궤도도 인사이드에서 아웃사이드로 이동하는 느낌이 들기도 한다.

(5) 롱 아이언 다루기

클럽 중에서 가장 난이도가 있는 클럽이라면 롱 아이언을 빼놓을 수가 없다. 세계적인 선수들과 차이를 굳이 들자면 힘을 필요로 하는 롱 아이언의 타법은 사용 방법이 다른 클럽과는 판이하게 다르기 때문에 어려운 클럽임에는 분명하다. 리 트레비노(Lee Trevino)는 "코스에서 번개가 칠 때는 1번 아이언을 잡고 있으라."고 했다. 그 말은 롱 아이언의 어려움을 대변해 주는 직설적인 조언이기도 하다.

우선 롱 아이언의 성공적인 샷은 볼을 정확히 맞히는 스윙이 가장 이상적이다. 모든 클럽은 중심 타격이 가장 중요하기 때문이다. 상황과 느낌에 따라 볼에 대한 준비 자세를 달리한다. 일반적인 롱 아이언의 경우 볼을 왼발 뒤꿈치에 가져가며 하향 타법보다는 상향 타법으로 일반적인 페어웨이 우드와 같은 타법을 구사한다. 장애물을 넘기는 것이 아니라 밑으로 볼을 가격할 때는 볼의 위치는 물론 그립의 길이를 짧게 해서 타격을 하는 지혜를 보여 주기도 한다.

대부분의 골퍼들이 롱 아이언보다는 유틸리티 우드를 선택하는 것에 반대하지는 않지만, 그래도 짜릿하게 손끝에 전해오는 롱 아이언 임팩트의 전율을 맛보지 못한다면 골프가 가지는 또 다른 매력을 이해할 수 없다.

1) 롱 아이언은 심리적인 요소가 강한 클럽이다.

우선 어렵다고 생각하면 결과가 좋을 수 없음을 상기해야 한다. 심리적으로 편안한 마음을 갖는 것이 롱 아이언의 첫 번째 성공 열쇠이다. 그립과 전체적인 몸에 힘이 들어가지 않도록 한다. 심리적으로 얼마만큼 편한 상태를 유지할 수 있느냐에 따라 롱 아이언의 결과가 정해진다는 것을 기억해야 한다. 볼이 뜨는 각도와 결과를 이미지 트레이닝으로 연습해 본다.

2) 스윙 아크를 낮게 가져가야 한다.

롱 아이언 샷을 정확하게 클럽 헤드 중앙에 맞히려고 할 때는 백스윙 때 스윙 아크(swing arc)를 몸통을 중심으로 낮고 길게 가져가야 한다. 그리고 다운 스윙 때 스윙의 최저점에서 볼을 때리면 된다. 클럽 헤드가 목표선의 안쪽에서 볼에 접근할 수 있도록 볼을 가격해야 하며 숏 아이언과 같이 다운 블로를 치는 것이 아니라 수평 또는 상향타법으로 클럽을 리드해 주는 것이 핵심이다.

제4장 드라이버 샷

1. 드라이버(Driver)

드라이버는 우선 각자의 체형에 맞는 샷의 강도에 신경을 쓰지 않으면 안 된다. 주로 강한 남자 프로의 경우 X나 XX또는 S, 강한 아마추어 남자인 경우 S 또는 S1, S2, 일반적인 남자 아마추어는 R, R1, R2 등을 구입하는 것이 보편적이며 약한 남자의 경우 거의 모두가 R 즉 레귤러 샤프트를 쓰고 있다. 그러고 여자들은 A나 L 즉 제일 약한 샤프트를 쓴다. 좀 힘이 센 여자의 경우는 R을 써도 무방하다. 결론적으로 힘과 스윙의 스피드에 따라 각각 다르게 자기에 맞는 샤프트 강도의 클럽을 구입해야 한다. 때에 따라서는 길이나 헤드의 크기, 헤드의 소재 등 계속적으로 새로운 상품이 나오기 때문에 또한 메이커가 많아서 처음 구입할 때 많은 망설임이 따르게 된다. 그러나 주위의 도움을 받아 올바른 클럽을 구입해야만 한다.

클럽은 자기가 쳐보고 몇 가지 중에서 자기가 느끼는 감이 좋은 클럽이 있다. 일반적으로 모든 이에게 주로 알려진 겔러웨이(Gallaway), 혼마(Honma), 테이러메이드(Talormade), 에스야드(S-yard) 등 이들 중에서 고르는 사람들이 일반적으로 많다. 그러나 요즘은 국산 브랜드도 좋은 클럽들이 많이 나오고 있어 각자의 취향에 맞추기가 쉽다. 또한 반드시 자기의 스윙 스피드에 맞추고 얼마나 정확한 스윙의 궤도를 가지고 있는 지에 따라 S샤프트나 헤드의 각도가 9도나 10도 등 낮은 각도의 헤드 클럽을 쓰는 것은 상당히 신중을 기해야 한다. 장타자가 더 장타를 내기 위해 로프트가 낮은 헤드의 클럽을 사용하는 것은 바람직하지가 않다.

장타인 사람은 조금 덜 나아가더라도 정확한 샷을 구사함이 더 큰 목표이기 때문이다. 스윙 스피드가 느린 사람에게 S샤프트는 어울리지 않으며, 각도가 낮은 클럽으로 방향성을 나쁘게 하여 14개의 드라이브 샷 중에 한 두 개가 OB(out of bounds)나 해저드(hazard)에 빠뜨린다면 그야말로 끝장인 셈이다. 결국은 그 날의 골프 수렁으로 빠트리는 경우가 될 것이다. 결국 9도로 치는 것과 10.5도로 치는 것과의 차이는 스푼과 드라이버로 치는 것과 같은 차이의 어려움일수도 있다고 본다. 그러면 한 가지 의문점이 생긴다. 9도와 10.5도의 클럽은 런(run)의 정도가 차이가 나서 거리를 손해 보지 않느냐?는 것이다.

물론 9도는 10.5도 보다 더 굴러가고 탄도가 낮은 것도 사실이지만 우리는 10야드 더 굴러간다는 것이 크게 문제가 되지 않는다는 것을 보기 플레이 이상인 분은 모두 아는 사실이다. 헤드의 각도가 낮은 것과 높은 것을 페어웨이 상태에 따라 달리 사용할 수 있는데 탄도가 낮고 런이 많은 낮은 각도의 헤드는 페어웨이 상태가 딱딱하거나 바람이 많을 경우에 사용하며, 탄도가 높고 비거리가 많이 나오는 각도가 높은 헤드는 페어웨이 상태가 습하거나 고도가 높을 경우 또는 방향성이 필요로 할 때 사용한다.

드라이브는 샷에서 거의 모든 아마추어들이 비거리, 중급자 또는 싱글 골퍼에게도 모두 슬라이스 때문에 많은 고생을 한다. 슬라이스가 발생하는 이유 중 하나로 클럽의 각도가 높은 곳에서 내려오는 것이다. 물론 드라이브가 아이언이나 3, 4, 5번 우드보다는 길어서 임팩트 존에 오기도 전에 몸이 빠지는 경우 긴 클럽 때문에 안으로 끌고 들어가기 힘들어 아웃으로 들어감으로써 생기는 슬라이스, 처음에 테이크백 할 때 바닥으로 바싹 붙어서 보내지 못하여 어깨가 다 들어가지 않기 때문에 팔로만 쳐서 생기는 슬라이스 등이 있다.

드라이브는 반드시 어퍼 블로(Upper Blow)로 쳐야 하는 것은 다 아는 사실이다. 최저점 바로 직후 올라가는 점에서 타격이 이루어져야 한다. 그때 볼을 잡아놓고 치는 기분을 가져야 한다.

(1) 귀가 닳도록 들은 말은 '빗자루로 쓸 듯이 쳐라.'

너무 때리려고 볼에 달려들지 말고 클럽을 밀어 보내는 듯 한 기분으로 팔로 스루를 해야 한다. 또 훅이라는 문제에 곤란을 당하게 되는데 이것은 몸이 일어서면서 엎어 들어가는 경우 때문에 발생하는 것이 대부분이다. 손목을 미리 감아주는 문제도 있겠지만 거의 모두는 몸이 엎어지면서 왼쪽을 못 버티고 돌아가는 문제가 제일 크다고 생각한다. 결국 드라이브 샷을 잘 하기 위해서는 자기에 맞는 클럽을 마음대로 가지고 놀 수 있도록 만만하게 다룰 수 있어야 한다.

드라이브를 잘 칠 수 있는 방법이 있다면 좋은 어드레스, 알맞은 스탠스, 자연스러운 백스윙 스타트, 리드미컬한 힘으로 만들어 가는 원피스의 백스윙, 저절로 되는 듯한 부드러운 다운스윙, 인사이드로 들어온 클럽을 모든 파워가 임팩트에서 발산하도록 그리고 자연스럽게 이루어지는 피니쉬, 팔로 스루 등이 함께 어우러질 때 훌륭한 드라이브 샷이 만들어진다. 드라이브 감은 볼을 한두 박스 연속으로 쳐내는 가운데 리듬이나 느낌을 감지할 수 있다. 또한 드라이브를 가지고 짧은 스윙으로 힘을 빼고 치는 하프 스윙 같은 것을 많이 연습한다면 느끼는 점이 더 욱 많다.

※ 드라이버의 주의점

① 반드시 올려쳐야 한다.
② 때려놓고 멈추지 말고 공 따라 지나가야 한다.
③ 서둘러 때리지 말고 여유 있게 던져야 한다.
④ 목표를 정하고 그 지점으로 쳐야한다.

2. 드라이버 샷 다루기(Learning the Driver)

아이언이 핀을 향해 날아가는 클럽이라면 드라이버는 페어웨이라고 하는 넓은 목표점을 가지고 있다. 하지만 드라이버 샷이 어려운 것은 볼의 회전량이 많아 컨트롤 능력이 처음에는 다소 떨어지며 거리를 얻기 위한 '욕심'이란 변수가 작용하기 때문에 어렵다.

(1) 오른쪽 무릎의 사용법과 상체의 회전

드라이버는 거리를 얻는 클럽이다. 백스윙에서 풀 탑(Pull Top)으로 가져가는 이유가 바로 힘을 축적함에 있는데 이때 리듬과 큰 근육들의 스트레칭이 함께 조화를 이루어야 한다. 이때 시작되는 스윙 동작은 연쇄반응임을 기억해야 하며 단단히 고정된 오른쪽 무릎을 기준으로 상체를 완벽하게 감아준다.

우선 클럽은 오른손으로 짧게 쥐어 백스윙을 가져가며 오른쪽 무릎의 탄력을 이용하여 바운싱(Bouncing) 연습을 통해 충분히 오른쪽으로의 체중 이동과 어깨의 회전을 최대한 만들어 보자. 이렇게 되면 자연스럽게 상체가 공 뒤쪽에 오게 되며 오른쪽 무릎은 완벽한 백스윙이 이루어졌다 하더라도 펴거나 서 있는 상태가 되며 가슴의 큰 근육이 힘껏 당겨지는 느낌을 가지게 된다. 대부분의 이론은 45도의 하체 회전과 90도를 추구하지만 실제로 투어 프로나 필자의 경우에는 30도의 하체 회전, 그리고 90도의 회전이 가장 이상적이라고 생각한다. 이는 하체의 저항이 상체의 회전을 더욱 단단히 감아 주며 힙의 회전도 제한하게 되어 세밀한 모습을 갖게 된다.

이와 같이 완전하게 회전된 몸을 풀어 주는 파워 무브(Power Move)의 요령은 왼쪽 어깨와 무릎이 동시에 목표 방향으로 회전되고 오른쪽 어깨와 힙, 그리고 오른쪽 무릎이 순차적으로 움직여서 계속되는 상체의 회전에 힘을 보태주게 된다. 이때 클럽의 가속도는 의도적으로 만드는 것이 아니라 몸의 탄력에서 자연스럽게 가속이 붙는 스윙의 의미를 가져야 한다. 이러한 동작을 위해서는 감김(coiling)과 릴리스(release) 원칙의 효과를 최대화하기 위하여 다리 동작을 강화하여야 한다.

(2) 드라이버는 히팅이 아니라 스윙이다

드라이버 샷을 하다보면 가장 큰 문제는 슬라이스이다. 이는 클럽 페이스가 열려 맞는 원인이 90%를 넘는다. 허리의 회전이 너무 빨라 클럽 페이스가 열릴 수도 있고 인사이드에서 너무 아웃사드로 가져가려고 하다 보면 또 열리게 되어 맞는 경우가 있다. 또는 아웃사이드로 가져가려고 하다 보면 또 열리게 되어 맞는 경우가 있다. 또는 아웃사이드-인으로 들어오면 페이스는 닫혀 있지만 각도가 닫히면서 드라이버 표면에 맞는 시간이 매우 짧아져 슬라이스가 나기도 한다. 그리고 거리에 대한 '욕심'으로 힘이 과하게 들어가 클럽 그립을 강하게 쥐면서 페이스가 열리는 경우도 종종 있다. 이러한 모든 현상은 볼이 클럽 페이스에 맞는 시간이 매우 짧게 되는 히팅(hitting)타법이 많은 이유인데, 드라이버는 임팩트 시 볼이 클럽 페이스에 가장 길게 남는 감각의 스윙타법을 해주는 것이 바람직하다.

아이언은 볼을 맞히고 페어웨이에 디봇을 내면서 볼의 방향과 스핀을 조절하지만 티 위에 올려져 놓은 볼은 지면을 이용한 샷이 아니기 때문에 쉽게 회전에 의한 방향을 잃을 수도 있다. 그러므로 드라이버에서 볼의 마찰 타점은 가급적이면 페이스 표면에서 볼이 오래 머무는 스윙타법이 가장 이상적이다. 묻어서 때려야 한다는 이야기는 바로 이를 두고 한 말이다. 히팅이 아닌 스윙을 연습하는 방법으로는 3번 우드를 이용해 티를 낮게 꽂고 지면에 가까운 타점을 만들어 쓸어친다는 느낌으로 스윙 해주는 방법도 매우 좋은 아이디어이다.

볼에 대한 이런 클럽 헤드의 접근 각도(angle of approach)가 비거리를 늘릴 수 있는 비결이다. 드라이버 샷은 클럽이 최저점을 지나서 올라가는 초기 단계에 볼을 맞춰야 한다. 스윙의 최저점은 볼에서 약 7~8cm 정도 오른쪽이 된다. 이는 낮은 탄도의 샷도 만들어 내지만 볼을 쓸어치는 스윙의 타법을 익히는 길이 되기도 한다. 또 다른 좋은 방법 가운데 하나는 볼이 발보다 높은 곳에 있는 볼을 쳐보는 방법인데, 이는 닉 팔도가 좋아하는 스윙 연습중 하나이기도 하다. 이 또한 쓸어 치는 타법과 더불어 볼맞는 근접 각도를 수평으로 매우 낮게 가져갈 수 있는 방법이다. 이와 같은 여러 방법이 선행되면서 스피드에 주안을 두어야 원하는 거리를 얻을 수가 있다. 장비의 발달로 좀 더 쉽게 휘두르는 경량화로 이어지는데, 가벼운 클럽은 원하는 스피드를 얻어 볼을 친다하더라도 그 힘을 이겨낼 수 있는 관성을 가지기 때문에 스피드는 요즘 골프에서는 비거리를 내는 필수적인 요소가 되고 있다. 마지막으로 드라이버를 선택하여 티 위에 올려놓지 않고 페어웨이에 그대로 놓은 상태에서 드라이버를 쳐서 볼을 날려 보낼 수 있다면 드라이버 배우기는 성공이다.

(3) 드라이버 샷 장타 훈련과 심호흡 연습법(For the long distance & breathing drill)

처음 드라이버를 잡게 되면 긴장이 되고 호흡이 빨라진다. 이렇게 되면 숨을 들이마실 때 스윙이 되어 몸의 회전이 원활하지 못하고 궤도를 충분히 그리는 스윙보다는 들어 올리는 스윙이 심하게 되어 슬라이스의 원인이 되기도 한다. 숨을 들이마시기보다는 내 몸 안에 있는 공기를 바깥으로 내뱉으며 스윙을 하면, 원활한 어깨 회전과 스윙이 편해져 1~20야드 거리를 더 얻게 된다.

1) 셋업(Set up) - **완벽한 스윙은 완벽한 기초에서 시작이다.**

스탠스는 어깨 넓이만큼 벌려 준다. 무릎은 약간 굽히며 체중의 분배는 45:55로 우측에 가져간다. 오른쪽 어깨는 왼쪽보다 내려가며 이때 머리의 위치는 자연스럽게 볼 뒤쪽을 향하고 있다. 긴장감을 해소하기 위해 왜글은 필수 동작이며 대문자 'Y'의 모습을 견고하게 가져간다.

2) **테이크어웨이**(Take Away) - **낮고 길게, 스윙 호흡을 익혀야 한다.**

좋은 샷을 하기 위해 백스윙을 하면서 상체를 공 뒤쪽으로 회전한다. 이때 낮고 길게 가져가며 어깨와 클럽을 잡은 손과 왼쪽 무릎이

동시에 움직이며 넓은 아크를 그리는 원 피스 테이크어웨이를 가져간다. 이때 오른쪽으로 체중 이동은 시작되며 몸통의 감김도 시작된다.

3) 탑 스윙(Top Swing) - 스프링 효과

오른쪽 무릎의 역할은 다시 한 번 강조해도 지나치지 않다. 파워를 축정함에 있어서 오른쪽 무릎의 동작은 필수적이다. 이때까지 스윙은 연속 동작으로 이루어져야 하며 금방이라도 풀릴 것 같은 역동감을 가져야 한다.

4) 파워 무브(Power Move) - 회전에 의해 몸통을 동시에 풀어줘야 한다.

현대 스윙이 원하는 것은 몸통의 큰 회전을 만들어 작은 근육에 힘을 전달하는 것이다. 이때 왼발과 왼쪽 어깨를 동시에 사용해 다른 목표 방향 쪽으로 또 다른 축을 만들어야 하기에 동시에 하나의 큰 근육을 이용해 다운스윙을 시작한다. 이때 점검해야 할 포인트는 손목의 각도가 풀리지 않게 하는 것이다.

5) 임팩트(Impact) - 왼쪽으로 회전하며 머리의 위치가 중요하다.

오른발은 여전히 그라운드에서 많이 떨어지지 않는다. 클럽 헤드가 원활하게 돌아갈 시간을 만들어 준다. 이때 클럽을 잡은 양팔은 어드레스 때 취했던 대문자 'Y'자를 유지해야 하며 원심력에 의한 스윙을 기억해야 한다. 히팅은 슬라이스를 유발할 수 있다.

6) 피니쉬(Finish) - 균형에 대한 문제는 아무리 이야기해도 지겹지가 않다.

오른쪽 어깨는 목표 방향을 향해 완벽하게 돌아가고 있다. 어드레스 때 가슴의 폭은 이 모습에서는 등의 폭으로 나타난다. 이는 히팅이 아니라 스윙을 위해 노력하고 있음을 말한다. 왼발은 지면과 수직인 상태를 유지하고 있으며 오른발은 이제 완벽히 들어 앞 끝이 지면과 90도를 유지하고 있다. 서 있는 피니쉬는 등의 부담을 최소화시켜 주고 있으며 이는 균형적인 면에서도 칭찬할 만하다.

(4) 300야드 드라이브 샷 만들기

폭발적인 비거리를 만들기 위한 방법, 생각한 대로 구사하는 페이드와 드로우, 그리고 절묘한 어프로치, 자로 잰 듯 완벽한 퍼팅을 구사한다면 골프라는 스포츠는 가장 싱거운 스포츠가 되었을 것이다. 아울러 이 정도의 기술을 마스터하기 위해서는 많은 시간과 투자를 함께 해야 한다. 골프가 재미있으면서 어려운 것은 이 여러 가지들이 조화롭게 항상 되기가 어렵기 때문이다. 어쩌면 이것이 골프를 공부하고 레슨을 받으며 연구하는 이유이다. 이 중에서 로우 핸디 캐퍼부터 비기너까지 경력에 관계없이 골퍼를 잡아끄는 가장 큰 매력은 '호쾌한 드라이브 샷'일 것이다. 이것이야 말로 골퍼들이 골프장에서 느끼는 가장 큰 기쁨이 아닐까? 폭발적인 비거리는 프로나 아무추어 골퍼 모두에게 원하는 꿈일 것이다. 그렇다면 이제 그 비거리를 증가시키는 기본을 알아보자.

대부분의 아마추어가 충분히 장타를 날릴 수 있는 여건을 가지고 있음에도 불구하고 실제로는 그렇게 하지 못하는 이유는 스윙을 효율적으로 하지 못하는데 있다. 골프에 있어 효율적인 스윙이란 무엇보다 '최소한의 힘으로 최대의 효과'를 이루는 것을 말한다. 거리를 내는 요소는 크게 나누어보면 체력, 신체의 유연성, 스윙 테크닉, 지렛대의 원리, 신경과 근육의 협동력을 들 수 있다. 이런 요소들이 최근 발전된 장비와 결합하면서 헤드 스피드의 증가를 가져오게 되고, 꿈에 그리던 장타를 만들어 낸다. 결국 위에서 언급한 내용들을 정리해 보면 장타를 위한 핵심적인 요소 한 가지를 발견할 수 있다. 체중이동이 바로 그것이다. 올바른 체중이동을 하기 위해 위의 모든 요소들이 연결되어 이루어 져야 한다.

아마추어들이 스윙을 하면서 올바른 체중 이동을 하기 위해 신경

써야 하는 요소를 짚어 보고, 잘못되는 원인과 해결 방법을 제시해 본다.

1) Point 1. 비틀림의 중심에는 오른쪽 무릎이 있다

오른쪽 무릎은 거리와 스윙의 모양 모두에 영향을 미친다. 이 중 거리에 있어서는 절대적이라고 할 만큼 큰 영향을 미치게 된다. 근력은 좋은데 비거리가 짧은 대다수의 골퍼는 스윙 중 오른쪽 무릎이 잘못된 것을 보게 된다. 많은 원인이 있을 수 있지만 백스윙 도중 팔이나 상체의 동작에만 신경을 쓰기 때문에 일어나는 오류일 가능성이 높다. 실제 아마추어들은 백스윙 때 무릎보다 손목이나 머리의 움직임, 어깨의 회전 등에 더 많은 주의를 기울이고 있다.

가장 흔한 실수는 백스윙 시 오른쪽 무릎이 밀리는 모습이다. 이렇게 하면 상체 회전 또한 원활하지 못해 거리에 큰 손실을 가져오게 된다. 골프에서 오른쪽 다리의 역할이란 백스윙 때 힘을 모으기 위한 축을 만드는 것이다. 흔히 '백스윙에서 축이 무너진다.'라는 말에서 '축'을 척추로 받아들이지만 근본적으로는 '오른쪽 무릎이 무너진다.'는 의미로 보는 것이 타당하다. 오른쪽 무릎의 축이 무너지는 또 다른 현상은 백스윙 때 무릎을 완전히 뻗는 것이다. 이는 스윙 아크를 너무 크게 가져가려고 하는 원인에서 시작되는 실수다. 큰 아크를 그리려는 강박관념 때문에 자신의 상체를 위로 올릴 때 오른쪽 무릎이 뻗는 것이다. 이렇게 하면 왼발에 체중이 남는, 이른바 '역 피봇(Reverse Pivot)' 현상이 나타나게 된다. 따라서 백스윙 때 힘을 제대로 모을 수 없게 되고 결과는 짧은 비거리로 이어지게 된다.

2) Point 2. 적절한 테이크 어웨이

앞에서 살펴본 것과 같이 무릎의 동작이 흐트러지게 되면 대체로 볼의 탄도에 영향을 미치게 된다. 볼의 탄도는 비거리를 결정하는 요소 중 하나다. 골프에서 클럽이나 볼의 개발에 많은 자본을 투자하는 이유가 바로 볼의 적정 탄도에 따른 거리를 얻는데 그 목적이 있다. 클럽의 샤프트에 표기되어 있는 내용과 볼을 담고 있는 박스에 표시된 내용을 보면 대부분의 볼의 탄도 특성이 나와 있는 것을 알 수 있을 것이다. 국내의 잔디 여건에서는 런이 많이 생기지 않기 때문에 비교적 높은 탄도를 내는 것이 유리하다.

3) Point 3. **왼발은 스윙 중심을 지배하며 균형감을 만든다**

백스윙의 단계보다는 모았던 힘을 임팩트를 통해 최대한 발산하기 위해서는 왼발의 리드가 상당히 중요하다. 이때 만들어진 파워를 지탱해 주는 역할이 왼발이 해야 할 일이다. 이는 왼발 무릎 밑 하체가 지면을 밟아 주는 힘을 필요로 해야 하는데 이때 부드러움과 회전, 그리고 마지막 단계에서는 전체 몸동작을 지배하는 균형감까지 만들어 주어야 한다는 사실이다. 하지만 원심력을 이용한 골프 스윙에서 볼이 탄도를 만들며 떠 주어야 하기 때문에 무의식적으로 상체와 하체 모두 임팩트를 거쳐 들리는 현상이 일반 골퍼들에게 가장 많이 나타나고 있다. 스윙을 하는 동안 무릎의 역할은 파워를 지탱하지만 수평으로 회전해 주어야 한다는 사실을 잊지 말아야한다. 이때 회전하면서 몸에 실려 있는 모든 파워를 안정감 있게 피니쉬에서 완벽한 균형을 만들어 주어야 한다.

4) Point 4. **스윙 스팟에 집중해야 한다.**

완벽한 스윙 스폿을 만들어 내는 것이 스윙을 배우는 목적이며 이러한 기초는 장타의 비결이 되기도 한다. 여기에 유연성과 안정되고 부드러운 그립이 필요하며 가장 중요한 것은 자기 체형에 맞게, 그리고 균형감을 잃지 않은 상태에서 스윙이 이루어져야 한다는 것이다. 몸의 밸런스가 균형을 잃게 되면 공의 스윙 스팟에 맞출 수가 없다. 따라서 무리한 스윙으로 비거리를 얻고자 하는 어리석은 생각은 금물이다. 균형감 있는 스윙은 스윙 스팟을 맞히는 확률을 매우 높게 한다는 것을 잊지 말자.

(5) 드라이버 샷 요령

1) 티 위에 올려 있는 볼의 높이를 자신의 드라이버 헤드의 윗부분에 반 정도 걸치게 한다.
2) 스탠스를 어깨 넓이보다 약간 넓게 선다.
3) 볼은 왼발 뒤꿈치나 로우 핸디 캐퍼는 약간 중앙으로 옮겨 놓도록 한다.
4) 왜글을 통해 손목의 긴장을 풀어 준다.
5) 백스윙은 '낮고 길게'의 원칙을 지켜 준다.
6) 스윙 궤도를 인사이드로 가져가며 몸의 등 각도의 변화가 없도록 한다.
7) 백스윙 탑(backswing top)에서는 스프링을 감는 것처럼 몸을 이용하여 원심력을 만들어 그 힘을 팔과 샤프트에 전달하여 클럽 헤드 스피드를 만들어 낸다.
8) 파워 무브(power move)를 통해 임팩트로 가져가며 임팩트 이후 힘으로 치기보다는 원심력에 클럽과 내 몸이 따라가게 만든다.
9) 임팩트 후 머리는 오른발 무릎 위 정도의 위치에 남게 한다.
10) 피니쉬는 자신만만하면서도 균형을 잡으며 목표 방향으로 스탠딩을 취한다.

(6) 드라이버 고르는 법

1) 클럽의 가장 중요한 부분은 샤프트이다.

스윙 스타일에 맞지 않는 샤프트는 쓸모가 없다. 프로 탄도(professional trajectory)를 가능하게 하는 탄도의 샤프트를 선택해야 한다. 볼의 탄도는 뻗어나가야 하며 너무 일찍 치솟거나 너무 낮은 탄도는 좋지 않은 샤프트이다. 클럽 페이스에 맞고 반발력으로 튀어 나가는 탄도는 일직선으로 최고점에 올라야 하며 완만한 하강 곡선을 그려야 큰 비거리를 얻을 수 있다.

2) 타구음의 중요한 선택

흔히 페이스에 클럽이 머문다는 표현이 있다. 이는 타구음에 관계된 표현이기도 하다. 둔탁하거나 굉음 같은 소리보다는 자신만이 느끼기에 좋은 소리를 찾아야 한다. 이는 클럽으로 비거리를 얻을 수 있는 피드백에 속한다.

3) 시 타는 후회하지 않게 한다.

남의 소리와 나의 임팩트 소리는 같은 클럽이라도 서로 다르다는 것을 기억해야 한다. 시타는 자신에게 맞는 클럽 선택에 있어서 매우 효과적인 방법이다. 드라이버를 치기 전에 롱 아이언을 한 번 쳐보는 것도 좋으며 이는 평상시 스윙 자세를 흐트러뜨리지 않게 하며, 자신의 스윙 스타일에 가장 적합한 클럽을 고르기 위해 신중한 자세로 임해야 한다. 상급자나 전문가의 조언을 듣는 것도 좋은 방법이다.

제5장 페어웨이 우드 샷

1. 우드(Wooden Club)

동양인과 서구인은 체형의 차이 때문에 힘의 크기가 다르다. 외국인들의 경우 키는 그리 크지 않으나 골격 자체가 커서 파워에서 우위를 가지는 경우를 종종 볼 수 있다. 그래서 우리와 같은 동양인은 반드시 우드를 잘 쳐야만 골프를 칠 때 유리하다고 생각 된다. 왜소한 체격의 소유자나 여성 골퍼들은 특히 우드가 골프 경기에 많은 비중을 차지한다. 특히 아마추어 여자의 경우는 세컨드 샷이 아이언의 거리에 들어오지 않는 홀이 많아 우드를 잘 익혀두면 타수를 줄이는데 큰 도움이 된다.

남자인 경우 나이가 든 사람이나 상대적으로 약한 남자 등 거의 모두 우드를 잘 다루어야만 스코어를 잘 낼 수 있다. 대개의 경우 겁을 먹고 우드 사용하기를 꺼려한다. 그러나 여러분은 과감해야 한다. 한 두 번의 실수 때문에 사용하기를 꺼려해서는 안 된다. 계속적인 시도가 필요하다. 우드의 선택은 여러 가지가 있지만 거의 드라이버에 준하면 되리라고 본다.

3, 4, 5, 7, 9번의 클럽 중 보통 3, 4, 5번을 주로 쓰는데 7, 9번은 안 쓰는 골퍼도 많다. 비거리가 짧은 골퍼의 경우는 7, 9번 우드를 사용하는 것도 도움이 된다. 우드는 아이언보다 치기도 쉽다. 단지 아이언보다 어렵다고 생각하여 꺼리는 심적 부담을 갖는 것이 될 뿐이다. 우드는 사이드에서 사이드로 친다고 생각한다. 그러나 우드도 볼부터 맞추고 나면 약간의 디봇이 생긴다. 물론 약간은 예각으로 찍어 치는 기분으로 쳐서 그린에 세울 수도 있다. 어떻든 모든 스윙의 원리는 다른 샷과 같고 볼의 위치만 좀 다를 뿐이다. 우드 샷에서 가장 중요한 점은 일단 볼을 먼저 맞추는 노력을 해야 하며, 클럽을 천

천히 들어올려 백스윙하고 길게 팔로 스루를 해야 한다는 점을 기억해야 한다. 특히 러프에서는 우드가 아이언보다 훨씬 편하고 또한 나무와 나무사이로 빼내는 샷, 나무 밑으로 깔아 쳐야 하는 샷 등 상당수의 트러블 샷에서 우드가 제격이라는 것을 알아야 한다. 벙커에서도 턱이 낮으면 먼 거리의 세컨드 샷은 우드로 쳐도 좋다. 파3 홀에서 우드를 써야하는 아마추어들도 많다. 따라서 우드 연습도 게을리 해서는 안 된다. 우드 연습에는 펀치 샷 연습, 쓰러지는 연습, 찍어 치는 연습(볼을 약간 중앙에 옮겨놓고 치는 연습)등을 하면 좋다. 우드의 중요성은 필드에서 더욱 많이 느끼게 된다.

(1) 짧게 잡고 크게 휘두른다.

페어웨이 우드의 스윙은 '버리듯이' 또는 '털듯이'라고 일컬어진다. 이것은 드라이버와 같이 티업되지 않고 직접 잔디 위에 있는 볼을 타격하는 이 샷에 있어서 도움이 되는 어드바이스이다. 그러나 이것도 의식적으로 해서는 안 된다. 스윙 그 자체는 드라이버와 같아도 좋다. 단, 스탠스를 약간 좁히고 손잡이를 2, 3센티 짧은 듯이 내려 쥐도록 한다. 다음은 '크게 휘두른다' 생각하고 스윙을 가져간다.

(2) 실수의 원인은 샷보다도 볼의 위치와 상태에 있다.

우드(wood)를 사용할 수 있는 상황은 한정된다. 아마추어가 페어웨이 우드 샷에서 실수하는 원인은 스윙 그 자체보다도 볼의 위치 상태를 무시한 결과인 경우가 많다. 그린까지 앞으로 190~210야드라고 보면 아무런 주저함도 없이 스푼(spoon)이나 배피(baffy)에 손이 나가게 된다.

어느 샷이나 마찬가지지만 특히 밑면이 넓어 대수롭지 않은 뒤땅치기나 상단 때리기가 실수로 이어지는 페어웨이 우드의 경우 우선 볼의 위치 상태를 신중히 조사하는 것이 중요하다.

1) 잔디 결이 역방향으로 흐르는 러프
2) 뗏장(디봇)자국의 흔적
3) 경사가 심한 지역

이 세 가지의 위치 상태에 볼이 떨어져 있을 경우엔 우드는 사용 금지라고 생각하는 것이 옳다. 무리하게 파를 겨냥한 그린 공략은 스코어를 나쁘게 할 뿐만 아니라 크나큰 실수를 불러옴으로써 스윙을 무너뜨리는 결과가 될 지도 모른다.

⑶ 미스 샷의 원인은 볼과 몸의 간격도 이유가 된다.

우드와 아이언에서 그립 위치를 바꾸지 말아야 한다. 미들 아이언은 그 이름대로 14개의 클럽 중에서 가장 평균적인 클럽이다. "초보자는 우선 5번 아이언을 철저하게 정복하라."고 말하는 것도 스윙의 기본을 배우면 다른 클럽에 대한 응용이 쉽다. 그러나 초보자 중에는 우드는 좋지만 아이언이 질색이라고 하는 사람이 있다(물론 그 반대도 있지만). 비교적 쉽다고 생각되는 미들 아이언조차 뒷땅치기나 상단 때리기(topping)만 나오는 사람이 있다. 이런 사람은 스윙 그 자체보다 어드레스, 그것도 볼과 몸과의 간격에 문제가 있는 경우가 많다. 일반적으로 아이언을 싫어하는 사람은 볼에서 멀리 서는 경향이 있고 우드를 싫어하는 사람은 가깝게 서는 경향이 있기 때문에 우선 이것을 점검해야 한다.

⑷ 유틸리티 우드의 타구법

골프의 가장 큰 발전 가운데 하나가 장비의 발달이다. 이 가운데 유틸리티 제품은 혁명이라고 할 정도로 이미 대중적으로 사용되면서 골프 클럽의 명품으로 자리 잡고 있다. 유틸리티의 특징은 페어웨이 우드와 롱 아이언의 중간 단계라고 설명할 수 있으며 롱 아이언과 우드의 장점만을 모아 아이언처럼 치기 쉬우며 우드처럼 볼이 쉽게 뜨도록 하기 위해 설계된 클럽이다. 이 클럽은 페어웨이뿐 아니라 깊지 않은 러프에서 최선의 결과를 가져온다. 잔디의 저항을 최소화시켜 쉽게 볼의 탄도를 가져올 수 있으며 경사가 심한 라이에서도 페어웨이 우드보다 쉽게 볼을 띄울 수 있는 클럽이다. 우선 클럽 타격 방법에서도 우드의 특징처럼 쓸어치는 스윙을 가져가도 되며, 아이언과 하향타법을 이용해 어느 정도 그라운드와 접촉해도 큰 무리가 없는 클럽이다.

1) 유틸리티 타구의 체크 포인트

a. 볼의 라이를 점검해야 한다. 볼의 위치를 선정해 준다. 우드와 같이 쓸어치는 방법을 택할지 아니면 어느 정도 그라운드를 근접해야 할지를 결정해 준다.

b. 안정적인 스탠스를 잡아본다. 라이에 따른 볼의 위치뿐 아니라 라이에 맞는 스탠스는 가장 좋은 결과를 가져오기 때문이다.

c. 그립을 점검해야 한다. 그립은 우드와 같이 쓸어치는 타법이 결정되면 헤드의 무게를 느껴줄 만큼 부드럽게 잡아주는 것이 현명하며, 하향 타법을 선택할 때는 그립을 어느 정도 단단하게 잡아 준다.

d. 왜글 동작을 이용해 손목의 긴장을 이완시켜야 한다. 유틸리티가 우드와 롱 아이언의 장점을 모은 클럽이라 하지만 샤프트의 길이에서 오는 긴장감은 어쩔 수 없다. 충분한 긴장 해소가 최고의 결과를 가져온다.

e. 볼의 위치를 선정해야 한다. 볼을 띄우려고 한다면 볼의 위치는 왼쪽으로 가져간다. 약간 낮은 탄도와 아이언의 느낌처럼 하향타법으로 가져가려면 볼의 위치는 볼 한 개 또는 반 개 정도 중앙에 가깝게 둔다.

f. 임팩트까지는 스피디하게 스윙한다. 임팩트 시 클럽을 너무 오래 멈추지 말며 한 번에 피니쉬까지 넘어가는 스피디한 스윙을 추구한다.

g. 임팩트 이후에도 코킹을 기억해야 한다. 임팩트 이후 양손을 너무 뻗으려고 하지 말고 팔로 스루가 진행되면 왼손 손목과 왼쪽 팔꿈치는 접히는 듯 두 번째 회전을 만드는데 집중한다.

h. 최상의 피니쉬를 생각한다. 즉, 마무리에서 완벽한 균형감을 가지도록 한다.

제6장 트러블 샷

트러블샷(trouble shot)이란 골프에서 공을 잘못 쳐서 숲 속이나 풀이 자라 있는 곳 또는 벙커 등 그린위에 떨어지지 않은 공을 쳐야하는 상황을 의미한다. 골프에서는 한 타의 실수가 경기의 승패를 좌우할 만큼 샷 하나 하나에 신중을 기해야 한다. 특히, 미스 샷인 트러블 샷을 하지 않아야 하며 그러한 트러블 샷을 최대한 줄이는 것이 중요하다. 하지만 부득이한 경우 트러블 샷을 했을 때에는 이를 적절하게 해결하는 것이 더욱 중요하다. 본 장에서는 이러한 트러블 샷의 사례와 그 해결 방법을 살펴본다.

1. 왼발 오르막 경사의 샷

(1) 어드레스(address)

1) 지면과 평행하게 어드레스 한다.
2) 스탠스는 약간 오픈한다.
3) 볼은 스탠스의 중앙에서 왼쪽(높은 쪽)에 둔다.
4) 체중은 오른발에 많이 실리게 선다.
5) 왼발이 높은 만큼, 로프트(loft)가 많아지기 때문에 평평한 장소보다는 1~2번 정도 큰 클럽을 사용한다.

(2) 목표(aim)

오르막 경사의 라이(uphill lie)에서는 클럽이 닫혀져 훅(hook)성 구질이 나오기 쉬움으로 목표보다 약간 오른쪽을 겨냥한다.

(3) 스윙(swing)

1) 스윙을 컴팩트하게 한다: 스윙이 과도하게 커지면 미스 샷(miss shot)이 나오기 쉽다.
2) 무리한 체중 이동은 자제한다.
3) 지면의 경사대로 스윙한다.
4) 어깨의 회전을 중심으로 스윙을 한다.
5) 하반신의 움직임을 자제하고 어드레스 때의 형태를 유지한 클럽으로 스윙 한다.

2. 왼발 내리막 경사의 샷

(1) 어드레스(address)

1) 볼은 스탠스의 중앙과 오른발 쪽에 둔다: 경사가 가파를수록 볼을 오른발 쪽(높은 쪽)으로 놓는다.
2) 체중은 왼발에 많이 실리게 선다.

(2) 목표(aim)

스윙이 업 라이트(up-right)가 될수록 슬라이스(slice)가 나오기 쉬우므로 타깃보다는 약간 왼쪽을 향하게 자세를 잡는다.

(3) 스윙(swing)

1) 업 라이트한 백 스윙이 된다.
2) 비교적 코킹(cocking)을 빨리 하여 업 라이트하게 백 스윙을 한다.
3) 체중이동은 자제하고 팔을 주로 사용하여 클럽을 올린다.
4) 절제된 피니쉬(finish)를 한다.
5) 어깨의 회전과 팔을 이용하여 경사면을 따라 스윙한다.

3. 발 앞쪽이 오르막 경사의 샷

(1) 어드레스

1) 클럽을 내려 잡는다.
2) 체중은 좌우 균등하게 한다.
3) 몸의 균형(balance)을 유지해야 한다.

(2) 목표

이런 라이에서는 훅이 되기 쉽기 때문에 반드시 목표의 오른쪽을 겨냥한다.

(3) 스윙

1) 어드레스 때의 눈과 볼의 간격을 스윙 중에 변화시키는 않는다. 머리가 상하로 움직이면 두꺼운 샷(fat shot)이나 탑핑(topping)이 나오기 쉽다.
2) 하체의 사용을 자제하고 어깨의 회전을 이용하여 샷을 한다.
3) 플랫한 스윙이 효과적이다.

4. 발끝이 내리막 경사의 샷

(1) 어드레스

1) 무릎을 굽히고 무게 중심을 낮게 취한다.
2) 스탠스는 약간 넓게 한다.
3) 체중을 앞 발꿈치에 치우치지 않게 한다.

(2) 목표

슬라이스가 나오기 쉬우므로 타깃의 왼쪽을 겨냥 한다.

(3) 스윙

1) 1-2클럽을 길게 잡고 스윙을 컴팩트하게 한다.
2) 스윙을 크게 하면 몸의 밸런스가 파괴되어 두꺼운 샷(fat shot)이나 생크(shank)의 위험성이 높아진다.
3) 양쪽 무릎의 각을 유지한 채 스윙한다.
4) 다운스윙 시 체중이동을 억제하고 어깨의 회전을 이용하여 가볍게 스윙 한다.
5) 상체가 상하로 움직이지 않게 자제 한다.
6) 양팔과 손을 이용하는 샷을 하면 미스 샷의 확률을 줄일 수 있다.

5. 러프(Rough) 샷

(1) 어드레스

1) 볼은 정상적인 샷에 비해 오른쪽에 둔다.
2) 체중은 왼발 쪽에 많이 둔다.
3) 어드레스 시 양손은 클럽 헤드보다 타깃 방향 쪽에 위치한다.
4) 러프가 클럽 헤드를 감아쥐기 때문에 왼손 중지부터 새끼 손가락까지 3손가락을 확실하게 쥐어야 한다.

(2) 스윙

1) 스윙을 컴팩트하게 하고 다운스윙은 가파르게(steep) 한다.
2) 플라이어(flier): 볼이 러프 지역에서 비교적 좋은 라이를 가진 경우의 샷: 임팩트 때 볼과 클럽 헤드 사이에 잔디가 놓여 백스핀양이 감소되어 런이 많아진다. 그린을 겨냥함 경우에는 1~2 클럽정도 짧게 선택해야 한다.
3) 탈출이 최우선의 목표로 다음 샷을 하기 좋은 위치에 볼을 보낸다.

4) 볼이 놓인 상태나 러프의 길이에 따라 샷과 클럽의 선택을 한다.
5) 볼이 놓여 진 상태가 좋으면 우드 또는 비교적 긴 아이언을 사용 한다. 볼이 러프에 완전히 묻혀 있으면 숏 아이언을 사용 한다.

6. 높은 나무를 넘길 경우의 샷

(1) 어드레스

1) 스탠스를 약간 오픈 한다.
2) 볼은 왼발 뒤꿈치 쪽에 둔다.
3) 나무가 높을 때에는 클럽 페이스를 약간 열고 어드레스를 한다.
4) 체중은 오른발 쪽에 많이 실리게 한다.
5) 왼쪽 어깨는 넘기려는 나무의 상부를 향해 높게 셋 업 한다.

(2) 스윙

1) 피니쉬는 높게 한다.
2) 컷 샷(cut shot)의 형태이기 때문에 슬라이스 성의 구질이 되기 쉽다.
3) 클럽을 선택 할 때에는 로프트가 볼에서 나무까지의 연장선과 볼에서 나무 최 상부까지의 연장선이 이루는 각보다 많은 클럽을 선택한다.

7. 나무 밑 낮은 탄도의 샷

(1) 어드레스

1) 볼은 오른쪽 발 쪽에 가깝게 놓는다.
2) 양손을 클럽 헤드보다 왼쪽에 놓고 셋 업을 하면 낮은 탄도의

볼을 칠 수 있다.
3) 약간의 오픈 스탠스를 하고 양 발은 비교적 좁게 선다.
4) 체중은 왼쪽에 많이 둔다.

(2) 스윙

1) 스윙을 컴팩트하게 하고 다운스윙은 가파르게 한다.
2) 어드레스 때의 체중분배는 스윙 하는 동안 변화 시키지 않는다.
3) 높은 볼의 탄도가 나오지 않게 웨지(wedge)의 사용은 피하는 것이 좋으며, 아이언은 내려 잡는 것이 낮은 탄도의 샷에 유리하다.
4) 임팩트 시 손목이 타깃 방향으로 꺾어지지 않도록 하고 스퀘어 클럽 페이스를 오랫동안 유지하도록 해야 한다.
5) 팔로스루는 낮고 짧게 한다.
6) 가장 확실한 탈출구를 선택하여 다음 샷을 플레이 할 수 있는 지역으로 보낸다.
7) 탈출이 불가능할 정도면 언플레이어블(unplayable)을 선언한다.

8. 단단한 땅 위에서의 샷

(1) 어드레스

1) 볼은 오른발 쪽에 둔다.
2) 클럽은 짧게 잡고, 양손은 클럽 헤드보다 타깃방향 쪽에 위치한다.
3) 체중은 왼쪽에 많이 둔다.

(2) 스윙

1) 스윙은 컴팩트하게 한다.
2) 볼을 깨끗하게 맞추려면 하반신의 움직임을 자제해야 한다.
3) 낮은 탄도의 샷이 되기 쉬우므로 이를 염두해 두어야 한다.

9. 바람이 심하게 부는 경우의 샷

(1) 앞 바람(against wind)

1) 힘으로 볼을 때리려 하지 말고 바람의 세기를 생각하여 큰 클럽을 선택한다. 클럽을 바람의 세기에 따라 1-2 클럽 정도 긴 클럽을 사용한다.
2) 여유 있게 스윙을 한다.

(2) 뒤바람 (down wind)

뒤바람은 앞바람에 비하여 비교적 쉽지만 볼이 더 멀리 나가므로 클럽 선택에 있어서 고려해 주의를 기울이는 것이 중요하다. 이 경우도 바람의 세기를 고려해 1-2 클럽 짧은 클럽을 사용한다.

(3) 슬라이스 바람(slice wind)

1) 바람이 부는 방향을 이용하여 볼의 구질(ball flight)을 선택한다.
2) 겨냥(aim)은 약간 왼쪽으로 한다.

(4) 훅 바람(hook wind)

1) 바람이 부는 방향을 이용하여 볼의 구질(ball flight)을 선택한다.
2) 겨냥(aim)은 약간 오른쪽으로 한다.

10. 비가 오는 날

(1) 어드레스

1) 클럽을 내려 잡는다.
2) 스탠스를 약간 좁게 서면 정확한 샷을 구사할 확률이 높아진다.

(2) 스윙

1) 비가 내리는 날은 볼이 많이 구르지 않기 때문에 티 샷의 경우 페어웨이 우드(fairway wood)를 사용하는 것도 고려한다.
2) 비거리에 욕심을 내지 말고 다음 샷을 하기 쉬운 지점으로 볼을 보낸다.
3) 두꺼운 샷(fat shot)의 거리 감소는 정상적인 상태에서의 샷보다 심하다.

11. 디봇(Divot) 자국에서의 샷

(1) 어드레스

1) 볼은 오른발 뒤꿈치 쪽에 놓는다.
2) 체중은 볼의 라이(lie)에 따라 왼발쪽이나 균등하게 분배한다.
3) 손은 왼발 허벅지 쪽에 오게 한다.
4) 클럽을 강하게 잡아야 한다.

(2) 스윙

1) 코킹(cocking)을 정상적인 스윙보다 빠른 지점에서 시작하고 클럽은 가파르게 가져간다.
2) V자 모양의 스윙을 만들어 클럽헤드가 높은 지점으로부터 가파르게 볼에 접근하는 형태의 다운스윙을 한다.

12. 볼이 물속에 있을 경우의 샷

(1) 볼이 워터 헤저드 안에 있기 때문에 클럽이 물과 접촉을 해서는 안 된다.

(2) 클럽의 페이스는 오픈하고 그립은 견고하게 잡는다.
(3) 볼이 물에 잠긴 정도에 따라 다르며 볼이 물 위에 보이거나 잠긴 정도가 작을 경우에는 오른발 쪽에 두며, 물에 깊이 잠겨 있을수록 중앙 쪽에 놓는다.
(4) 백 스윙시 손목은 꺾어서 클럽 헤드를 가파르게 가져간다.
(5) 익스플로젼 벙커(explosion bunker) 샷과 같은 형태의 샷으로 다운 스윙을 가파르게 한다.
(6) 볼이 물에 10cm이상 잠겨 있을 경우에는 워터 헤저드 룰을 적용하고 볼을 드롭(drop)하고 플레이를 한다.
(7) 샷이 가능 할 경우는 탈출을 최우선으로 한다.

13. 벙커샷

골프경기에서 플레이어들에게 가장 부담스러운 것이 바로 해저드(hazard)이다. 코스의 특성상 난이도를 결정하는 것이 해저드라고 할 수가 있는데 해저드는 크게 워터 해저드(water hazard)와 벙커(bunker)로 나뉜다.

워터 해저드에서의 플레이는 벌타(penalty)로 바로 연결이 되며, 정해진 곳에 드롭 후 플레이를 해야 하지만 벙커 플레이는 벌타 없이 곧바로 플레이 할 수 있다는 장점이 있기도 하다. 하지만 일반 페어웨이에서 익숙해진 플레이어들에게 벙커 플레이는 그리 쉬운 것만은 아니다. 이유는 벙커를 탈출하기만 하기 위한 것이 아니라 대부분 그린 주변에서의 플레이는 홀컵에 붙여 스코어로 직접 연결해야 하는 숏 게임의 특성 때문이다.

잔디의 성분과 특성이 각 나라마다 조금씩 다르고 벙커의 소재인 모래도 각 나라마다 조금씩은 특성이 있다. 그리고 그린 주변에서의 벙커플레이는 볼을 직접 가격하기 보다는 볼의 위치가 파악되어 2-3 인치 뒤를 가격하는 테크닉을 필요로 하기도 한다. 유럽의 모래는 심한 바람으로 인해 잘 날리는 매우 고운 입자의 모래로 벙커의 특성을 살리고 있으며, 동남아시아의 모래는 스콜에 대비해 입자가 크지만 배수가 잘 되는 성분의 모래로 되어있는 곳이 많다. 한국에서의 벙커는 입자가 매우 무겁고 모래의 양이 많아 어쩌면 가장 어려운 벙커의 특성을 갖추고 있는 것이 특징이다.

벙커에서의 플레이는 우선 스탠스의 안정된 자세가 가장 기본적으로 우선된다. 일반 페어웨이와는 다르게 모래 속에 스탠스를 취하는 이유로는 앞서 언급한 바와 같이 안정된 샷을 구사하기 위함이 첫째 이유가 되며 둘째로는 2-3인치 뒤를 가격해 폭발적인 샷을 유도하기 위해서라도 볼보다 낮은 지면으로 클럽이 지나가야 하기 때문에 같은 고도를 유지하기 위해서라도 스탠스를 모래 속에 안정적으로 깊이 취해야 한다.

볼의 위치는 볼이 놓여있는 상황에 따라 약간의 차이는 있으나 볼이 부드럽게 뜨고 그린에 올라 와서는 많이 구루지 않아야 하기 때문에 볼의 위치는 중앙에 놓아야 한다.

그립의 강도는 모래의 성분에 따라 부드럽게 쥐어야 하지만, 모래가 많이 들어 있는 벙커나 입자가 무거운 한국에서와 같은 벙커플레이는 그립을 약간 강하게 쥐어주어야만 쉽게 탈출 할 수가 있다.

벙커 플레이의 스탠스는 오픈자세를 취하고, 열려져 있는 웨지의 클럽 페이스를 out-in궤도의 path를 유도해서 가격하여야 볼을 쉽게 띄울 수 가 있다. 이때 그린에 올라간 볼은 스핀이나 볼이 많이 구르지 않게 되며 목표(aim)선도 타겟 방향보다는 약간 왼쪽을 보고 있어야 한다. 벙커플레이가 가장 어려운 것은 탈출보다도 거리 측정이다. 더욱이 그린 주변에서의 플레이는 숏 게임의 특성처럼 반드시 홀 컵에 붙여 원 퍼팅으로 리커버리 해야 한다는 부담을 안고 있기 때문이다.

많은 선수가 백스윙의 크기 조절로 거리감을 맞추고는 있지만 현대골프에서는 스윙 스피드로 거리감을 맞추고 있다. 같은 거리의 백스윙으로 내려오는 다운스윙의 스피드를 달리해 거리감을 맞추는데, 이는 긴장에서 오는 압박을 어느 정도 해소해 줄 수 있다는 원리를 가지고 있다.

영국의 골프장은 자연 그대로를 이용한 설계인 것이 가장 큰 특징이다. 골프장의 시초라고 하는 세인트 앤드류스(St. Andrews)골프장은 목동들의 쉼터였던 항아리 벙커(pot bunker)로 매우 유명한 곳이다. 해안가의 골프장은 항상 바람이 심하게 불기 때문에 예전에는 목동들이 심한 바람을 피하기 위해 만든 것이 바로 이 벙커이다. 심한 바람을 피하기 위한 것이었다는 역사의 고증을 입증이라도 하듯 플레이어보다도 높고 깊은 수십 개의 항아리 벙커를 보고 있노라면 입이 딱 벌어진다.

전영오픈(The Open)의 진기록 중에는 올드코스(The Old Course) 17번홀(The Road)에서 6번 만에 벙커탈출을 겨우 성공한 일본의 토미 나카지마(Tommy Nakajima)는 항아리 벙커 탈출이 얼마나 어려운 일인가를 보여 주었다. 이처럼 벙커의 어려움은 코스 구석구석 어느 곳에나 존재한다. 완벽한 샷도 가끔은 해저드와 같은 어려운 상황을 만나게 되는 것이 골프이며, 상황에 따라 선택되는 샷의 올바른 조화가 또 다른 골프의 묘미일 것이다. 벙커플레이에 있어서도 클럽의 선택 또한 매우 중요하다.

(1) 페어웨이 벙커에서 플레이 방법

골프 코스에서 피할 수 없는 것 중에 하나가 그린 주변의 벙커와 페어웨이 벙커이다. 벙커를 피하자니 볼이 떨어지는 곳이 너무나 작고, 벙커 방향으로 샷을 하자니 벙커에 자신 없어하는 경우를 많이 접하게 된다.

훌륭한 벙커 플레이어가 되기 위해서는 인내와 많은 연습이 필요하다.

벙커 플레이는 다른 샷과 기본은 같지만, 볼이 놓인 상태와 벙커의 높이 등을 고려하여 남은 거리 보다 먼저 클럽 선택을 잘해야 한다. 벙커라고 해서 항상 샌드웨지로 치는 것이 아니라, 위에서 말한 볼의 상태, 벙커의 높이, 남은 거리를 고려하여 클럽을 선택할 수 있으며 샌드웨지로 벙커 플레이를 하는 경우는 짧은 거리와 벙커의 높이가 너무나 높아서 다른 클럽으로는 도저히 띄울 수 없는 상황일 때 최선의 선택으로 하는 것이다.

페어웨이 벙커에서 고려해야 하는 상황

1) 벙커의 높이를 고려하여 클럽의 각도(로프트)가 탈출하기 쉬운 클럽을 선택.
2) 볼이 놓인 상태를 파악 한 후 클럽 선택.

위의 상황이 충분히 고려되었다면 이제는 남은 거리에 근접할 수 있는 클럽을 선택한다. 예를 들어 170야드가 남아 있는 페어웨이 벙커인데 벙커의 높이는 별로 높지 않아 4번 아이언도 무난하다고 생각되어지나, 볼이 놓여 있는 상태가 반쯤 잠겨 있다면 클럽 선택은 찍어 치기 쉬운 클럽으로 바뀌어야 한다. 즉 다시 말해서 거리로도 많은 손해를 보지 않고, 탈출할 수 있는 클럽 선택이 되어야 한다는 것이다.

벙커의 높이가 별로 없고, 볼이 놓여 진 상태도 좋다면 거리가 짧은 골퍼의 경우 우드로 플레이를 하여도 무난하다. 또한 최상의 볼 상태, 볼이 모래 속에 깊게 들어가 있을 경우에는 퍼 낼 수 있는 클럽, 볼이 모래 위에 놓여 있을 경우에는 볼만을 클리어 하게 샷 해야 한다. 이때 볼 밑에 물이 있고, 볼은 물위에 떠 있다고 생각하는 이미지가 중요하다. 어떤 스윙을 가지고 있든 간에 만약 물을 많이 친다면 볼이 날아가지 않을 것이다. 반면에 물위에 떠 있는 볼만을 친다는 마음으로 스윙을 한다면 거리의 손해도 얼마 보지 않고 깨끗한 샷을 만들어 낼 수 있을 것이다.

그러나 아무리 클리어 한 샷을 할 수 있다고 하더라도 그린을 향해서 치려고 하는 경우에는 한 두 클럽을 더 잡아야 한다. 왜냐하면 하체의 움직임이나 스윙의 속도가 떨어져 제 거리가 다 나오지 않기 때문이다.

다시 말해서 능력에 따라 어떤 클럽을 사용할 수 있으나 앞서 말한 볼의 상태, 벙커의 높이가 클럽선택에 반영되어야 한다는 것이다.

벙커플레이를 하기 전 꼭 생각해야 하는 것

1) 그립은 보통 잡듯이 해도 무방하다.
2) 스탠스를 취할 때 양발은 모래에 비벼서 바닥에 잘 고정시켜 발이 미끄러지는 것을 막는다. 체중이나 스윙의 속도를 무리하게 하려고 하지 말라.
3) 클럽 선택에 신중을 기하라.

벙커 샷을 잘하기 위해서는 3대 필수 요소가 있다. 이것만 열심히 연습한다면 한번 스윙으로 쉽게 탈출 할 수 있을 것이다.

① 모래를 이해한다.

가장 먼저 기억해야 할 점은 볼이 아니라 지면을 때리는 샷을 해야 한다는 것이다. 그러면 모래가 볼을 벙커 바깥으로 밀어낸다. 부드러운 모래 위로 볼이 떠오르는 장면을 상상으로 그려본다. 클럽페이스를 볼의 아래쪽으로 미끄러져 나가도록 해서 모래를 폭파시킴으로써 상상한대로 플레이를 해보자.

② 볼은 앞쪽에 놓는다.

볼은 앞발 뒤꿈치 안쪽의 맞은편에 놓는다. 이렇게 하면 확실하게 모래를 먼저 때릴 수 있다. 양발과 엉덩이, 어깨를 타깃에 대해 열어주고 체중은 양발에 똑같이 실어준다. 이러한 준비 자세에서 스윙을 가파르게 해서 자신이 때리고 싶은 지점의 모래를 아래쪽, 앞으로 쳐낸다. 볼은 앞발 뒤꿈치 안쪽의 맞은편에 놓는다.

③ 피니쉬를 충분하게 한다.

모래는 잔디보다 저항력이 크기 때문에 이를 뚫고 나가려면 좀 더 강한 힘이 필요하다. 따라서 백스윙을 충분히 길게 가져간다. 하지만 다운스윙을 서둘러서는 안 된다. 모래를 통과할 때는 가속을 붙여주고 체중을 앞발로 이동시킨다. 이러한 동작을 정확히 취하면 항상 성공적인 벙커 샷을 구사할 수 있다. 가속을 붙여주고 체중을 앞발로 이동시킨다.

골프에서 엉성한 어드레스 자세로 좋은 샷을 기대하는 것처럼 헛된 일은 없으며 벙커샷의 자세는 더욱 중요하다. 따라서 그린주위에서의 벙커샷을 위한 완벽한 셋업 자세를 습득하는 것이 중요하다. 그러기 위해서는 다음과 같은 사항을 고려해야 한다.

① 그린 주변 벙커에서 아이언 샷을 하는 것과 같이 스탠스는 목표선과 클럽 면은 깃발과 평행하게 하되 볼은 왼발 뒤꿈치 앞쪽에 놓이도록 한다.

② 클럽 면을 오픈시키기 위해서 오른손을 그립에서 띄우고 왼손을 편안하게 한 상태에서 오른손으로 클럽 면을 오른쪽으로 돌린 다음 다시 그립을 잡는다. 깃발이 12시 방향에 있다면 클럽 면은 2시 방향을 가리킨다. 그런 후 왼손 그립을 다시 정렬하여 잡는다.

③ 오픈 스탠스 자세를 위하여 다리, 엉덩이, 어깨를 깃발의 왼쪽

인 10시 방향을 가리키도록 한다. 이때 볼은 왼발 쪽으로 놓이게 되고 클럽 면은 계속 오픈 상태로 목표의 오른쪽을 가리킨다.

④ 발을 모래 속으로 파고 들어가 안정감을 유지한다.

벙커샷에 공포감을 느끼고 있다면 셋업 자세만 정확하게 취해도 정확한 벙커샷을 할 수 있다. 이는 정확한 스윙 면을 유지하여 샌드웨지의 바운스를 효율적으로 사용하게 되기 때문이다.

제7장 숏 게임

숏 게임에는 퍼팅, 어프로치, 치핑, 피칭 등이 있다. 보통 숏 게임이란 100m이내의 거리를 두고 홀을 공략하는 것인데, 비기너 이상의 실력을 가진 골프들에겐 타수를 줄일 수 있는 관건이 된다. 본 장에서는 이처럼 퍼팅, 어프로치, 치핑, 그리고 피칭의 기본적 기술을 소개한다.

1. 퍼팅

(1) 퍼팅이란?

퍼팅은 그린위에서 볼을 굴려 홀컵에 집어넣는데 사용되는 기술이다. 퍼팅을 할 때는 로프트가 거의 없는 특별한 클럽(퍼터)을 사용한다. 퍼터의 종류도 다양하고 헤드의 무게도 무거운 것과 가벼운 것이 있다. 자신의 몸에 맞는 클럽을 선택하여 꾸준한 스트로크 연습을 하여야만 훌륭한 퍼팅을 소화할 수 있다.

(2) 퍼팅그립의 종류

퍼팅그립은 딱히 무엇이 정석이라 말할 수가 없다.

여기서는 세계유명 프로들이 선호하는 대표적인 그립 4가지를 소개하겠다.

역 오버래핑 그립이 주류를 이루는 이유는 볼을 날릴 필요가 없으므로 양손의 일체감을 내면서 오른손의 감각을 충분히 활용하기 쉽기 때문이다. 퍼팅은 목뼈를 기점으로 한 시계 추진자운동의 원리를 가지고 있지만 미묘한 손 감각을 느끼는 부분이 필요하다. 오른손잡이라면 왼손보다 오른손의 감각이 뛰어날 것이다. 오른손을 활용하려면 검지의 마디로 밀어주는 느낌을 갖는 사람이 많다. 기본적으로 손가락 끝보다 손바닥으로 밀면 스트로크가 안정돼 오른손의 감각을 활용할 수 있다. 지나치게 민감한 오른손보다 왼손에 포인트를 둘 때는 목표방향을 고려해 왼손 등을 의식하면서 스트로크 하는 것이 크로스 핸드그립이다.

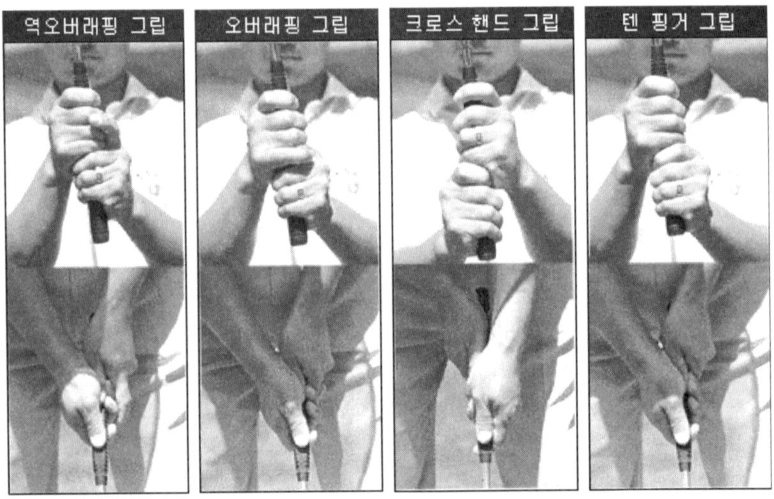

〈그림 30〉 퍼팅 그립

(3) 퍼팅의 기술

퍼팅은 매우 단순한 동작이다. 퍼팅의 매커니즘은 진자운동과 같다.

1) 양어깨와 양팔로 만든 오각형을 무너뜨리지 않는다.
2) 머리는 고정하고 손목은 절대 사용하지 않는다.
3) 시계추의 진자운동 이미지를 가지고 좌우 대칭으로 스트로크 한다.
4) 머리를 움직이지 않는다.

퍼팅동작의 단순 · 복잡함은 손목 사용 여부에 달려있다.

손목을 사용하면 페이스를 라인에 대해 직각으로 되돌리는 것이 어렵다. 손목에는 미세한 근육이 매우 많으므로 같은 동작을 반복하려면 가능한 손목을 사용하지 않아야 한다. 손목을 고정시킨 후 어드레스에서 만든 어깨와 양팔의 오각형을 스트로크 도중 무너뜨리지 않는다. 양 팔꿈치를 펴면 팔꿈치에 힘이 들어가 동작이 부드럽지 않게 된다. 오각형을 무너뜨리지 말고 스트로크 하려면 목뼈가 기점이 된다. 퍼팅이 능숙한 사람일수록 머리가 움직이지 않는다. 퍼팅할 때 머리를 홀 쪽으로 움직이기 쉽다. 스스로 느끼기 어려운 머리의 움직임은 뒤에서 목뼈를 가볍게 눌러 달라고 부탁하면 잘 알 수 있다. 프로들의 퍼팅을 뒤에서 보면 어깨만 움직인다. 목뼈를 기점으로 어깨로 스트로크 하는 것이다.

2. 어프로치 샷

골프에 있어 어프로치샷은 매우 중요하고 어렵다. 골프에 있어 짧은 거리를 잘 다룰 수 있으면 매우 성공적이고 만족도도 매우 높아 경기를 잘 풀어나갈 수 있다.

흔히 아마추어들은 연습장에서 공을 멀리 보내고 정확하게 보내기 위하여 드라이버나 아이언 위주로 많은 연습을 하고 막상 필드에 나가면 의외로 짧은 sw/pw를 주로 사용하는 어프로치나 퍼팅에서 무너지는 경우를 흔히 볼 수 있다. 그만큼 중요한 부분이며 많은 연습량이 필요한 것이 어프로치 샷이다.

※ 어프로치를 잘 할 수 있는 기본.

① 백스윙의 크기로 거리를 조절하는 것이 원칙이다. 숙달이 되면 거리에 따라 감각적인 샷을 할 수 있게 된다.

② 어드레스에 들어가기 전 연습스윙을 부드럽게 가져가서 거리감을 찾은 후 샷을 한다.

③ 미스 샷의 원인은 볼을 띄우려고 성급히 손목 코킹을 하거나 퍼 올리듯 클럽을 걷어 올리기 때문이다.
④ 헤드를 낮게 깔아 테이크백을 해야 한다.
⑤ 로프트만 믿고 제스윙을 하면 미스샷을 줄일 수 있다.
⑥ 거리가 10야드 이내 일 때에는 그립이나 스트로크를 할 때 퍼팅하듯 하면 핀에 붙일 수 있다.
⑦ 왼손그립은 견고히 잡는다.
⑧ 헤드업은 절대금물이다.

양발에 균등하게 체중을 싣고 힐을 뜨게 하여 어드레스하자.

볼은 떠올리는 것보다 굴리는 쪽이 거리감이나 방향성을 파악하기 쉽다.

퍼터로 굴릴 수 있는 상황이라면 퍼터를 사용하는 쪽이 오차 없이 홀에 붙이는 확률은 높은 것이다. 그러나 그린과 볼 사이에 러프 등이 있는 경우 굴리려고 하면 잔디의 저항을 계산하기 어렵다. 따라서 어느 정도의 강하기로 쳐야 좋을지 알 수 없다. 그러므로 런을 계산할 수 없는 부분은 넘기고, 남은 거리를 굴리는 것, 이것이 피칭앤드런이다. 피칭앤드런은 퍼팅감각의 어프로치이다.

퍼터대신 아이언을 가지고 스트로크 하는 타법이라고 생각하면 좋을 것이다. 즉, 퍼팅과 같은 타법으로 쳐도 아이언의 로프트가 있는 만큼 볼은 자연스럽게 떠오르고 다음은 퍼팅과 마찬가지로 굴러가는 것이다. 사용하는 클럽은 샌드웨지부터 7번 아이언정도까지이다. 번호가 커질수록 런, 즉 굴러가는 거리가 길어진다. 상황에 따라서 어떤 클럽을 선택하는가가 제일 중요하다. 한편 피칭앤드런은 퍼팅의 연장선이므로 당연히 어드레스는 퍼팅에 가깝게 된다. 포인트는 1. 그립 2. 체중배분 3. 솔의 방식 4. 양쪽 팔꿈치 5. 스탠스 등 다섯 가지이다. 퍼팅에서 헛스윙하다든지 크게 뒷 땅치는 경우 없이 익숙해진다면 이 타법 역시 매우 간단하며, 누구라도 포인트에 유의하여 연습한다면 확실하게 마스터할 수 있다.

(1) 클럽은 짧게, 어떤 클럽이나 같은 길이로 잡는다.

그립에서 신경 써야 할 부분은 퍼터와 같은 길이로 잡는다는 점이다. 사용하는 번호가 커질수록 클럽은 짧게 쥐고 어떤 번호라도 같은 길이로 그립을 잡는 것이 중요하다. 또한 퍼팅과 같은 그립으로 쥐고 있는 것은 가능한 한 손목의 움직임을 억제하기 위함이다. 퍼팅과 마찬가지로 치기 어렵다는 사람은 보통의 그립이라도 상관없다.

(2) 체중은 좌우 5대 5로 실리도록

체중은 양발 균등하게 좌우 5대 5로 실리도록 어드레스 한다. 이것은 퍼팅과 마찬가지로 가능한 한 쓸어 치는 궤도로 치기 위함이다. 좌우 어딘가로 체중이 쏠리면 아무래도 헤드를 찔러 넣는 듯한 움직임이 되기 쉽고 볼의 세기나 스핀의 양이 일정하지 않아 런을 계산하기 어려우므로 주의해야 한다.

(3) 클럽의 힐은 뜨게 하여 어드레스 한다.

피칭앤드런은 가능한 한 스핀을 걸지 않고 치는 것이 좋다.

스핀의 양은 적으면 적을수록 런의 계산을 하기 쉽기 때문이다. 그러기 위해서 어드레스에서는 클럽의 힐을 조금 뜨게 하여 중심을 벗어나 친다. 항상 런이 일정하다면 다음은 그린의 속도만을 생각하여 어프로치하면 되는 것이다. 또한 힐을 뜨게 하여 치면 약간 뒷 땅이 나도 잔디의 저항이 적으므로 커다란 미스로 연결되지 않는다는 장점도 있다.

(4) 양 팔꿈치는 가볍게 굽히고 펴지 않는다.

피칭앤드런은 퍼팅의 연장, 퍼팅 시 양팔을 펴서 어드레스 하는 사람이 없듯이 피칭앤드런에서도 양 팔꿈치를 가볍게 굽혀 어드레스 한다. 팔꿈치를 펴고 있으면 팔로스루를 하기 어렵고 따라서 부드러운 볼을 칠 수 없다. 손이 몸에서 떨어질수록 거리감을 내기 어려우므로 주의하도록 한다.

(5) 스탠스는 좁히고 다소 오픈으로 한다.

피칭앤드런은 스윙 중 체중이동을 하지 않고 짧은 거리를 치는 것뿐이므로 넓은 스탠스는 필요하지 않다. 좁은 스탠스 쪽이 정확성도 높은 것이다. 오픈스탠스로 하는 것은 팔로스루를 쉽게 잡기 위함이다.

〈그림 31〉 어프로치 샷 스탠스

(6) 손목의 움직임은 최대한 억제하여 퍼팅과 같은 스트로크

피칭앤드런에는 샌드웨지부터 7번 아이언정도 까지를 사용한다. 단, 같은 타법이라도 샌드웨지라면 그다지 런은 내지 않고 7번을 사용한다면 런닝에 가까운 어프로치라고 한다.

즉, 피칭앤드런이라고 하는 하나의 어프로치를 기억하면 클럽을 바꾸는 것만으로는 떠올리는 어프로치부터 굴리는 어프로치까지 구사할 수 있어 거의 모든 상황을 공략하는 것이 가능하다. 피칭앤드런만을 기억하면 다른 어려운 테크닉은 거의 필요가 없다. 어프로치가 약한 사람을 보고 있으면 피칭앤드런을 할 때 아이언샷의 이미지로 짧은 거리를 치려고 하는 경우가 많다. 그러나 아이언처럼 떠올려 찔러 넣는 궤도로 치면 스핀의 양이 일정하지 않고 런과 캐리의 관계도 불안정하다. 또한 바로 앞에서 헤드가 내려가면 크게 뒷 땅이 되어버릴 가능성도 크다. 미스가 적고 안정된 구질의 피칭앤드런을 마스터하기 위해서는 퍼팅의 이미지로 치도록 하자. 퍼팅과 마찬가지로 쓸어 치는 궤도로 치면 뒷 땅이 나지 않고 항상 안정된 높이와 스핀량을 가지는 볼을 칠 수 있다. 타법의 포인트는 스트로크중의 체중이동과 손목의 움직임을 억제하는 것이다. 어드레스시의 체중배분, 어깨와 손, 팔꿈치가 만드는 오각형을 무너뜨리지 않도록 의식하여 스트로크 한다. 헤드의 무게를 느끼면서 시계의 진자운동을 떠올리면 좋을 것이다.

1) 테이크백-손목의 움직임은 최대한 억제한다.

퍼팅 시 손목을 너무 사용하지 않는 것과 마찬가지로 피칭앤드런에서도 가능한 한 손목의 움직임을 억제한다.

특히 백스윙 시에 코킹을 지나치게 사용하면 헤드가 위에서 부터 들어오므로 볼을 쳐내는 것이 생각보다 강해진다든지 뒷땅이 나기 쉬워지므로 주의한다.

〈그림 32〉

퍼팅처럼 쓸어 치기 위해서는 절대로 손목을 사용하지 않도록 하는 것이다.

2) 타점-페이스의 중심을 벗어나게 친다.

피칭앤드런 시에는 클럽페이스의 중심보다 약간 토우 쪽으로 치도록 한다.

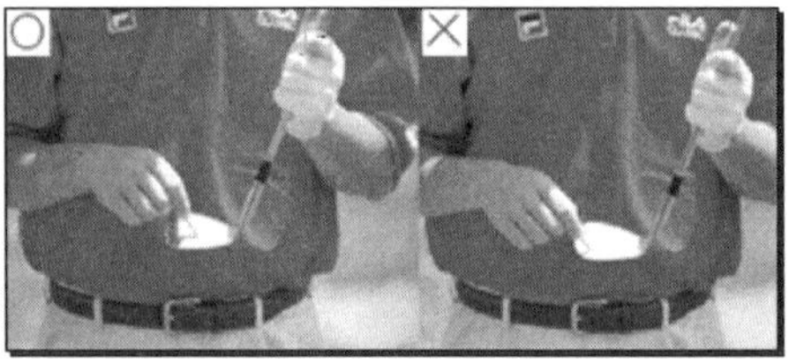

〈그림 33〉

어드레스 시에도 힐을 뜨게 했다면 토우 쪽에 볼을 두고 어드레스 하자. 이것은 중심을 벗어나 치는 것이 스핀이 걸리지 않고 항상 일정한 스핀량으로 공격할 수 있기 때문이다.

3) 헤드궤도-퍼터와 마찬가지 궤도가 중요

타법과 마찬가지로 헤드의 궤도도 퍼팅을 이미지한다.

쓸어 치는 듯한 궤도로 하는 것이 뒷 땅이 어렵고 스핀의 양도 안정되기 때문이다.

탄도가 낮고 세기가 강한 볼이 돼버리는 사람은 아이언의 풀샷처럼 위에서부터 찔러 넣고 있다는 증거이다.

양발균등하게 체중이 실렸는가를 체크했다면 퍼팅의 헤드궤도를 이미지하여 스트로크 하도록 한다.

〈그림 34〉

4) 임팩트-임팩트 시에도 손이 앞으로 나오지 않도록 한다.

피칭앤드런은 퍼팅과 같은 진자운동으로 친다.

진자운동으로 치면 손의 위치는 어드레스와 마찬가지 위치에서 임팩트를 맞이한다.

그러나 볼을 치려고 하면 아무래도 손이 앞으로(목표방향) 나와 버리기 쉽다.

임팩트에서 손이 앞으로 나오면 볼이 낮고 스핀량도 안정되지 않으므로 주의가 필요하

〈그림 35〉

다. 어디까지나 퍼팅처럼 스트로크 하는 것이 중요하다.

(7) 컵 인을 노리는 어프로치

목표 라인 후방으로 클럽을 똑바로 당겨, 콕을 풀지 않고 때린다.

프로에게는 같은 어프로치라도 "핀에 다가 붙이는 어프로치"와 "컵 인을 노리는 어프로치"가 있다. 이 상황은 컵까지 18야드에서 대개가 일직선으로 굴려준다.

볼은 에이프런(그린을 둘러싼 부분으로, 잔디가 그린보다 길고 페어웨이보다 짧다)에 있고, 볼의 라이도 더할 나위 없다. 이와 같은 상황에서는 "컵 인"을 겨냥해 간다. 따라서 러닝 어프로치로 공격해 가는 것이, 컵 인할 확률이 가장 높다. 스탠스는 양발은 가지런히 모을 정도로 좁히고, 라인을 보기 쉽게 하기 위해 가벼운 오픈 스탠스를 취한다. 볼은 오른발 끝 앞에 놓지만, 볼과 몸의 간격이 벌어지지 않게 주의해야 한다. 되도록 볼 가까이 서서, 클럽 페이스의 방향을 일정하게 유지할 수 있도록 해두기 바란다. 백스윙은 클럽 헤드를 비구선 후방으로 똑바로 잡아당겨 간다. 페이스 면이 볼을 계속 보게 하는 것이 포인트이다. 백스윙으로 생긴 오른손 손목의 각도를 유지하고 볼을 때린다.

3. 치핑 샷

그린 주변에서 장애물이 없을 때 가장 안전하게 홀컵에 붙이는 방법 중의 하나가 칩 앤 런 기법이다. 칩샷에 대하여 설명을 하면, 칩이란 얇게 썰어 튀겨낸다는 뜻으로 이해하면 한층 쉽게 기억이 될 것이다. 따라서 두껍게 썰어서 높이 튀겨낸 샷은 피치 샷이 될 것이다. 칩샷은 기본 요령을 마스터 하면 누구나 쉽게 구사할 수 있는 비교적 쉬운 골프 기술 중 하나이다.

- 스탠스는 오픈하고 볼은 오른발 엄지부근, 또는 오른발보다 더 우측에 두는 것이 좋다.
- 양손과 몸의 간격은 거의 없는 것이 좋다.
- 체중은 60%이상을 왼발에 두어 임팩트 시 안정성을 확보하는 동시에 백스윙이 커지는 동작을 방지해야 한다.
- 백스윙은 헤드를 낮게 깔고 테이크백은 퍼팅동작과 같게 한다.
- 다운스윙은 양팔을 일체가 되도록 하고 오른손을 약간 써서 임팩트 한다.
- 왼손 그립은 견고히 잡아 임팩트와 팔로우스루 순간에 왼쪽 손목이 꺾이지 않도록 하는 것이 매우 중요하다.
- 거리의 조절은 백스윙의 크기로 하는 것이 원칙이다. 한 가지 스윙동작을 원칙으로 클럽크기로 거리를 조절하는 것이 안정적이다.
- 급히 서둘지 말고 스윙을 할 것이며 헤드업을 절대 금물이다.

위와 같이 오랜 연습을 통하여 볼이 어느 정도 튀어나가고 어느 정도 굴러가는지에 대한 클럽별 특성을 몸에 느낌으로 터득하는 것이 칩샷을 완벽하게 마스터 하는 지름길이다. 향후 숏 게임의 천재가 되려면 경사 라이에서 볼의 강도 조절문제, 코스의 상태, 바람, 기후, 핀의 위치 등 모든 부분에 따라 변화무쌍한 골프코스에서 만족한 경기력을 갖추려면 본능적인 육감을 키워나가야 한다. 지속적으로 많은 연습을 통하여 자신만의 독특한 육감을 키워 나가기 바란다.

(1) 칩샷은 퍼팅 스트로크처럼

그린주변 가까이에서 핀을 공략하고자 할 때 가끔 칩샷을 해야 되는지 아니면 퍼팅을 해야 되는지 애매할 때가 있을 것이다.

그러나 이 두 가지 방법을 혼합해서 아이언 클럽으로 퍼팅처럼 칠 수가 있다.

사용 클럽은 핀의 위치에 따라 피칭웨지나 7번 아이언을 선택한다. 이러한 방법은 칩샷과 비슷하나 프린지를 넘어간 볼은 그린위에서 퍼팅한 것처럼 부드럽게 굴러간다. 그러나 주의할 점은 백스윙이 크면 그만큼 많이 굴러간다는 것이다.

그러므로 코스에서 익숙하게 사용하기 위해서는 충분한 연습이 필요하다.

(2) 내리막 경사에서의 칩샷테크닉

아마추어 골퍼들이 가장 괴로워하는 상황중의 하나가 바로 그린 주변에서의 트러블 상황일 것이다. 특히 그린주변 내리막 경사지에서의 칩샷은 아주 까다로운 샷이기도 하다.

볼은 왼발이 낮은 경사지에 있는 러프의 상황이다. 여기에 또한 핀은 그린 엣지 가까이 있는 경우 구사할 수 있는 샷은 한정된다. 만일 스윙을 크게 한다면 볼은 그린을 넘어갈 것이고 그렇다고 스윙을 작게 한다면 잔디 저항으로 클럽이 감겨 볼이 잘 나가지 않을 것이다.

가장 일반적인 실수중의 하나가 바로 볼을 띄우려다가 실패한다는 것이다. 이런 상황에서는 겁먹지 말고 클럽에 대한 믿음이 필요하다.

1) 볼을 오른발 쪽에 둔다.
2) 짧은 백스윙을 해야 하며 손목은 전혀 사용하지 않는다.

(3) 웨지의 로프트에 따라 탄도가 결정된다.

프로골퍼를 포함한 모든 골퍼들은 한 가지 이상의 웨지를 갖고 있다. 그 이유는 무엇일까? 그것은 로프트에 따라 볼의 탄도와 비거리를 쉽게 조절할 수 있기 때문이다.

아래에 나와 있는 그림들은 로프트에 따른 탄도와 볼의 주행 형태를 보여 주고 있다.

왼쪽부터 피칭웨지, 샌드웨지, 그리고 로브웨지 순이다. 백 속에 있는 각각의 웨지들을 확인해 보기 바란다. 같은 크기로 스윙해 본다면 로프트에 따른 각각의 탄도와 비거리를 체감할 수 있을 것이다.

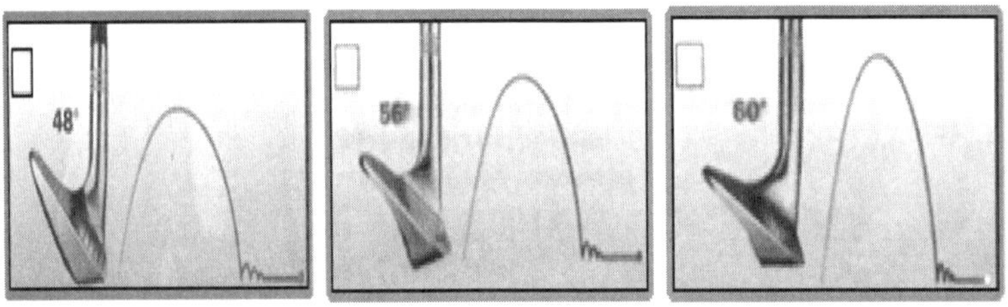

〈그림 36〉 웨지의 각도와 탄도

(4) 숏 게임 기술을 고치려면 좀 더 길게 가져간다.

올바른 백스윙이 짧은 샷의 제어력을 좀 더 증대시켜 준다.

우리는 칩샷과 퍼팅을 할 때 임팩트 순간 "스윙을 멈추거나" 감속하는 동작을 피해야 한다고 반복하여 말해왔다. 그리고 우리는 그런 동작을 피할 수 있게 해주는 것이라면 모든 시도를 다해왔으며, 그 중에는 앞으로 스윙을 할 때 지나치게 가속을 하는 것도 포함되어 있었다.

그러나 그것은 감속보다 더더욱 나쁘다. 속도를 더 내려다 왼쪽 손목이 붕괴되면 온갖 좋지 않은 일, 즉 두껍거나 얇은 샷, 임팩트 시의 잘못된 페이스 각도, 잘못된 타격거리 제어력과 같은 일이 발생한다. 타격을 안정적으로 구사하려면 후방 및 전방 타격 템포(최적 이동 속도)를 똑같이 유지해야 한다.

다운스윙 때 의도적으로 속도를 내야할 필요가 없도록 백스윙을 충분히 길게 가져가보자. 그렇게 하면 힘들이지 않고 속도를 낼 수 있으며, 아울러 손쉽게 점수를 낮출 수 있다.

(5) 칩샷: 왼손의 제어력을 유지한다.

칩샷을 할 때 다운스윙 시의 지나친 가속 문제를 피하기 위한 성공 열쇠는 효율적인 백스윙 구사에 달려있다. 이를 위해 정확한 사전 연습으로 타격을 시작해 본다.

표적을 바라보면서 몇 번 연습 스윙을 휘둘러보며 스윙의 길이를 실제의 스윙에 맞추어 보도록 한다. 백스윙 때 오른팔을 약간 구부려 주었다가 다운스윙 때 똑바로 펴줌으로써 파워를 공급하도록 한다.

스윙하는 동안 전체적으로 왼쪽 손목의 각도는 그대로 유지한다. 오른쪽 손목이 왼손 위로 돌아가는 법이 없도록 한다. 임팩트 뒤까지 클럽헤드가 손잡이를 앞질러 나가선 안 된다.

왼손으로 타격을 제어하면서 오른손은 그냥 흐름을 따라간다고 생각하도록 한다. 볼은 단지 그 타격의 이동로 한가운데 있다고 생각한다. 표적선에 평행이 되도록 한다.

두 개의 티를 지면에 꽂은 뒤, 무의식적으로 이런 동작이 나올 때까지 연습하도록 한다. 볼은 양쪽 티의 한가운데로 위치시켜 주고, 백스윙의 끝과 팔로 스루의 끝 지점에 티펙이 위치하도록 해준다. 칩 샷 때와 마찬가지로 클럽페이스를 직각으로 유지하기 위하여 왼쪽 손목의 각도를 그대로 유지하도록 한다.

칩샷을 위한 스탠스를 취할 때 양손은 볼보다 앞으로 나가 있어야 한다. 이 연습의 목적은 양손이 앞으로 나가있는 자세를 유지하는데 있다. 임팩트 순간 양손이 앞서나가고 왼 손목은 임팩트라인을 가로질러 앞으로 나가게 된다.

4. 피칭 샷

피칭 샷은 100야드 이내의 거리에서 거리조절을 위하여 스윙의 크기를 조절하여 홀을 공략하는 샷을 말한다. 클럽은 샌드 웨지나 피칭 웨지 혹은 어프로치 웨지 중 편한 것을 선택하면 되는데 일반적으로 샌드웨지를 많이 쓴다. 피칭 스윙은 4단계로 나누어서 거리조절을 하는 것이 효과적이다.

(1) HIP TO HIP

스윙의 크기를 조절하여 거리 조절을 하는데 앞에서 풀 스윙을 할 때 배웠던 것을 상기하면서 연습한다. 손의 위치가 힙에서 힙까지 되도록 하며 기본이 되는 샷이므로 연습을 많이 하도록 한다.

〈그림 37〉 Hip to Hip Drill

거리는 40야드를 기준으로 하되 개인의 특성상 편한 거리를 나름대로 선택하면 된다. 풀 스윙의 임팩트 구간을 연습하는 것이므로 이 동작이 제대로 되면 풀 스윙시의 임팩트도 좋아지게 된다. 정확한 동작과 자신감을 가지고 샷을 할 수 있도록 연습을 많이 해야 한다.

1) 코킹이 되고 있는가를 체크한다.
2) 왼손과 오른손을 쭉 펴서 삼각형을 이용하여 치는 느낌이 들도록 한다.

(2) HIP TO SHOULDER

〈그림 38〉 Hip to Shoulder Drill

기준거리는 60야드로 하되 자신에게 편한 거리를 선택해도 된다. 삼각형을 유지하며 볼을 치는 것이 매우 중요하며 왼손을 쭉 펼 수 있도록 많은 연습을 해야 한다.

(3) SHOULDER TO SHOULDER

〈그림 39〉 Shoulder to Shoulder Drill

기준거리는 80야드로 하되 자신에게 편한 거리를 선택해도 된다.

(4) FULL SWING

풀 스윙시의 기준 거리는 100야드로 하나 자신에게 편한 거리를 찾아서 정하도록 한다. 각 스윙별 방향과 거리가 일정하게 되도록 연습한다.

제8장 플레이 형태와 핸디캡

1. 플레이 종류

골프는 경기방식이 여러 가지가 있기 때문에 다양한 방법으로 게임을 즐길 수 있다. 공식적인 골프 경기방식에는 기본적으로 스트로크 플레이와 매치 플레이의 두 가지로 나누어진다.[1)]

(1) 매치 플레이(Match Play)

스트로크 플레이가 18홀의 총타수로 승패를 결정하는데 반해 매치 플레이는 홀을 돌면서 각 홀마다 타수의 많고 적음에 따라 해당 홀의 승자를 결정하여 이긴 홀이 많은 쪽이 우승자가 되는 방식이다. 골프 초창기에는 개인 대항의 매치 플레이가 성행했지만, 많은 사람이 참가하는 경우 최종 결승전을 치룰 때까지 시간이 오래 걸림에 따라 현재는 많은 인원이 참가해도 하루에 우승을 결정할 수 있는 스트로크 플레이가 일반적으로 통용되고 있는 실정이다.

원칙적으로 경기자 2사람이 1:1로 대전하는 것으로 한 홀을 이기면 업(up), 진다면 다운(down), 무승부 일 경우 하프(half)라고 부르고 이긴 홀과 진 홀이 동수일 경우 올 스퀘어(all square)라고 부른다. 초보자들의 경우 매치플레이를 주로 하는 데, 왜냐하면 이 방식에서는 토털스코어는 아무 의미가 없고 심지어 상황에 따라 당신이 프로를 이길 수도 있을 것이다. 매치플레이에서 규칙을 위반했을 경우의 일반적인 벌칙은 한 홀을 잃게 되고, 볼이 상대방이나 캐디, 또는 장비를 맞혔다면 다시 한 번 샷을 할 수 있는 신택권을 갖는다.

1) 이렇게 나누어지는 기준점은 우승자를 가리는 방법의 차이이다.

(2) 스트로크 플레이(Stroke Play) [2)]

정해진 수의 홀의 총 타수로 승부를 결정하는 방식으로 총 타수가 가장 낮은 쪽이 우승자가 된다. 물론 볼을 친 횟수뿐만 아니라 헛스윙, 벌타(스트로크플레이에서 규칙을 위반했을 경우에는 2벌타)도 포함된다. 보통 아마추어들의 경기에서는 개인마다 실력 차가 있을 수 있으므로 자기가 실제 친 타수(그로스)의 합계, 즉 라운드의 총 타수에서 자신의 핸디캡을 뺀 수(net)의 많고 적음으로 승패를 결정하게 된다. 한편 프로들의 시합은 핸디캡 없이 대상 홀도 72홀이다.

일반경기에서는 자신의 스코어를 자신이 직접 매기기도 하지만, 그럴 경우 동반 경기자의 서명을 받아 자신의 스코어를 보관하여 라운드가 끝났을 때 생길 수 있는 문제를 미연에 방지해 주는 것이 좋다. 플레이를 마친 후에는 반드시 스코어카드에 사인을 하고 상대방에게 보여주어야 한다. 스트로크플레이에서는 볼이 상대방이나 캐디 또는 장비를 맞혔을 경우 벌점 없이 공이 놓인 곳에서 그대로 플레이를 진행할 수 있다.

(3) 포섬(Foursome)

4사람이 2사람씩 팀을 짜서 각 팀이 1개의 볼을 교대로 플레이하는 경기로, A와 B가 한 조를 이루었을 경우, A는 티샷을 하고 세컨드 샷은 B가 치면서 홀 아웃하고 다음 홀의 티샷은 B가 치는 방식이다. 개인의 기술도 보면서 팀웍이 승부를 겨루는 재미있는 경기지만 핸디캡이 비슷한 사람끼리 같은 팀을 이뤄서 파트너와 호흡이 잘 맞아야 이길 수 있다. 각 팀을 남녀로 구성하여 플레이 하는 방식을 믹스트포섬(Mixed-Foursomes)이라고 하며 쓰리섬(Threesomes)방식은 1인대 2인의 경기로 1명은 자기 볼을 치고, 2인조는 1개의 볼을 교대로 플레이하는 방식이다.

---

2) 스트로크플레이는 때때로 메달플레이라고 불리기도 하며, 핸디캡을 빼지 않는 방법도 있는데, 이 방법은 스크래치라고 한다.

(4) 스킨스(skins)

매 홀마다 승부를 내는 게임으로 18홀 각 홀마다 상금이 걸려있고, 플레이 하는 해당 홀 마다 최고의 성적을 기록한 한명의 선수가 그 홀의 상금을 획득하는 경기방식이다. 플레이어간에 핸디캡을 조정하여 일인 당 얼마씩의 상금을 비축하여 해당홀에서 최소타를 친 선수가 그 홀에 걸린 상금을 가져가며, 최고 성적을 2명 이상이 기록한 홀은 무승부로 처리한 후 해당홀의 상금은 다음 홀로 이월하게 되며 또다시 비기면 그 다음 홀로 또 넘어가게 된다. 참고로 스킨스게임에서 플레이어가 OB, 해저드, 언플레어블 등을 제외한 기타의 페널티(벌타), 즉, 볼을 움직였거나, 카트를 맞췄거나 남의 볼을 치는 등의 비 신사적인 행위로 벌타를 받으면 그 홀은 실격이 된다. 벌타를 부가시키고 플레이를 하는 것이 아니라 그 홀의 패(敗)가 되어 버리므로 룰을 잘 지켜야 한다.

(5) 어게인스트 파(against par)

각 홀의 파에 도전하는 경기방법으로 "파"를 0으로 하고 보기는 (-1) 더블 보기는 (-2)처럼 오버 "파"를 (-)로 계산하고, 역으로 버디를 (+1)로, 이글을 (+2)처럼 언더 "파"를 (+)로 해서 라운드가 끝나면 각 홀의 점수를 합해 (+)가 많은 사람을 승자로 하는 방식이며 많은 사람이 참가할 수 있다.

(6) 포인트 토니(point tourney)

어게인스트 파와 비슷한 경기방식인데 보기를 1점, 파를 2점, 버디를 3점, 이글과 홀인원을 4점, 알바트로스를 5점으로 계산하고 더블 보기 이하는 0점으로 하여 18홀의 총득점이 높은 사람이 승리하는 방식으로 많은 사람이 참가할 수 있다.

(7) 툼 스톤(tomb stone)[3)]

코스의 토탈파(통상 72)에 자기의 핸디캡을 더한 수를 자기 점수로 해서 그 수만큼 치고 난 지점에서 플레이를 끝내고 볼이 정지한 그 지점에 기를 세워 가장 멀리 세운 사람이 승자가 되는 경기방법이다. 타수가 같아도 출발점으로부터 먼 거리에 기를 세운 사람이 승자가 된다.

(8) 기타 주요 경기 방식

베스트볼 방식은 한 팀 선수들이 한 홀마다 자기 볼로 경기를 치루고, 그 중 가장 좋은 스코어만 선택하여 최종 스코어를 집계하는 방식이다. 포볼(Four-Ball) 방식은 4명이 두 사람씩 한 쌍이 되어 2개 조로 편을 나누어 치루는 방식으로 이 게임에서는 각자가 자기 볼로 플레이한 후, 각 팀의 좋은 스코어(적은 타수)를 기록한 플레이어끼리 승부를 겨뤄 그 홀의 스코어로 한다. 따라서 같은 편끼리 홀 공략을 서로 상의하기도 하고 팀의 한 사람이 매우 잘 치는 경우 나머지 플레이어는 경기를 포기해도 승부에 상관이 없는 경기 방식이다. 또 쓰리 볼(Three-Ball) 경기방식은 포볼과 같으며, 3명이 1인 대 2인으로 편을 갈라 대전하는 방식으로 그 홀의 최소 타수를 지닌 플레이어가 한 사람의 스코어와 대전하는 경기 방식이다.

2. 핸디캡

(1) 핸디캡이란?

- 경기자들의 현재의 기량을 자동적으로 파악할 수 있게 하고, 기량의 변화에 따른 수정, 조정을 의미한다.

---

3) 스트로크 플레이의 일종으로 플래그 토너먼트라고도 한다.

- 기량이 서로 다른 골퍼들이 공정한 입장에서 경기할 수 있도록 골프기량 수준을 정확하게 평가 하는 것

1) 핸디캡제도의 종류

a. Standard Scratch Score System(영국)
  - 약 칭 : S.S.S. SYSTEM
  - 적용국가 : 영국. 유럽. 호주.

b. USGA Handicap System(미국)
  - 적용국가 : 미국. 캐나다. 남미. 중미. 한국. 일본

c. KGA 핸디캡제도 (한국)
  - 미국 USGA와 계약 승인 하에 USGA 핸디캡제도 사용

2) 핸디캡의 주요용어

a. 야디지레이팅(Yardage Rating): 코스의 길이만을 기준으로 하여 평가한 난이도

b. 코스레이팅(Course Rating): 거리 이외의 각종 난이도(difficulty) 요소를 평가하여 야디지 레이팅 수치에 가감한 것

c. 형평타수제한(Equitable Stroke Control): 핸디캡사정을 위하여 한 홀에서 비정상적으로 많이 친 스코어를 적정한 타수로 조정하는 것

d. 조정타수(Adjusted Gross Score): 상기 E.S.C 등으로 조정한 그로스 타수

e. 보기골퍼(Bogey Golfer): USGA 핸디캡수치 17.5~22.4(남자)/21.5~26.4(여자)인 플레이어

f. 핸디캡 디프랜셜(Handicap Differential): 스트로크 컨트롤로 조정된 스코어에서 해당코스의 코스레이팅을 뺀 수치

g. 슬로프레이팅(Slope Rating): Course Rating이 스크래치 플레이어를 기준으로 하여 난이도를 측정한 것인데 비하여 Slope

Rating은 보기골퍼(핸디캡17-22)를 기준으로 하여 상대적인 난이도를 반영한 것이다. [4]

h. 코스핸디캡(Course Handicap)[5]: 플레이어가 어떤 코스에서 플레이 할 때 그 코스에서 부여 받는 조정된 핸디캡.

i. 핸디캡 스트로크 홀(Handicap Stroke Hole): 플레이어가 핸디캡 타수를 그의 그로스 스코어에 부여 받는 홀을 의미한다. 홀별 핸디캡은 핸디캡 위원회가 난이도에 따라 부여하며, 9홀별로 홀수, 짝수 순서로 정해진다.[6]

(2) KGA 핸디캡 산정 방식

1) 목적

KGA핸디캡시스템은 KGA코스레이팅과 KGA슬로프레이팅이 산정되어있는 골프코스에서 스크래치 및 보기 골퍼의 능력 차이에 따라서 달라지는 핸디캡을 서로 다른 난이도의 골프코스에 대한 핸디캡 적용을 공정하게 하기위한 것이다. 기존의 핸디캡시스템은 골퍼가 가진 능력을 핸디캡인덱스라는 값으로 나타나게 되었다.

이 핸디캡인덱스는 난이도가 서로 다른 골프장에서 적용되는 핸디캡을 구할 수 있도록 고안된 것이다. 이 값을 코스핸디캡이라 칭하며 골퍼의 핸디캡인덱스와 코스의 슬로프 값에 따라 적용된다. 기존의 시스템에서 핸디캡을 구하는 절차는 산정에 필요한 스코어카드를 사용하여 각 스코어카드에 형평타수제한을 적용하고 각각 스코어에서 코스의 코스레이팅 값을 제하고 그 값(핸디캡디프렌샬)의 평균치를 산출하여 평균치의 96%로 하여 핸디캡을 산정하였다.

슬로프레이팅이 포함된 시스템에서의 핸디캡을 구하는 절차는 산정

4) 평균 슬로프레이팅 : 113(최저 55~최고 155)

5) (코스핸디캡 계산 예)(플레이어의 핸디캡 x 그 코스의 슬로프레이팅) / 113 = 코스핸디캡(소수점이하 반올림)

6) (예 : 아웃코스/홀수/인코스/짝수)

에 필요한 스코어카드를 사용하여 각 스코어카드에 형평타수제한을 적용하고 각각 스코어에서 코스의 코스레이팅값을 제하고 그 값에 KGA슬로프 평균값을 곱하고 그 값에 코스의 슬로프레이팅으로 나눈 값(핸디캡 디프랜샬의 평균치를 산출하여) 평균치의 96%(KGA핸디캡 인덱스)를 구한 다음 그 값에 KGA 슬로프레이팅 평균값으로 나눈 값이 코스 핸디캡이 된다. 이와 같이 슬로프레이팅이 포함된 시스템에서의 핸디캡은 각각의 코스에 따라서 골퍼에게 적용되는 핸디캡이 다르게 된다.

2) 핸디캡산정

• KGA 핸디캡인덱스 획득 : 핸디캡 디프렌샬 평균치
• KGA 핸디캡인덱스 사용 : 코스별 슬로프레이팅 수치적용
• KGA 핸디캡인덱스 최대치(슬로프레이팅 평균치 113에서)
  ** 남자 : 36.4 ** 여자 : 40.4 다.

3) KGA 코스레이팅 / 슬로프레이팅

KGA 코스레이팅 및 슬로프레이팅은 거리에 미치는 영향요소 5가지와 10개의 장애물 요소에 대한 각각의 점수를 부여함으로써 산정된다. 산정팀은 3명 이상으로 구성되어야 하며, 홀이 끝날 때마다 수치를 결정하도록 한다. 각 티잉그라운드간의 거리가 25야드 이상일 경우에는 각각 장애물 요소에 대한 평가를 따로 하여야 한다.

a. 거리에 영향을 미치는 요소
- 거리에 영향을 미치는 요소는 롤, 고저 차이, 향풍/바람의 방향과 세기, 도그렉/강요된 선택, 해발 등의 5가지 요소이다.

b. 장애물 산정요소(0 ~ 10)
- 지형(0 - 8) : 낙하지대 볼의 라이와 스탠스, 어프로치 샷으로부

터 그린의 높낮이에 따른 난이도 평가
- 페어웨이(파 3홀은 산정하지 않음, 파4와 파5홀의 최저 값은 1) : 낙하지대 페어웨이 폭과 러프의 높이, 홀의 길이에 따라서 난이도 평가
- 그린목표(최소 값은 2) : 그린의 크기와 경사, 모양, 굳기, 가시성과 어프로치 샷의 길이에 따라서 난이도 평가
- 만회성과 러프(최소 값은 1) : 낙하지대와 그린주변의 어려움과 러프의 높이를 기준으로 난이도 평가
- 벙커(홀 상에 미약한 벙커가 있으면 최저 값 1) : 낙하지대와 그린주변 벙커의 크기와 깊이에 따라 난이도 평가
- OB, 심한 러프(홀 상에 미약한 OB나 심한 러프가 있으면 최저 값은 1) : 샷의 길이와 낙하지대와 그린 주변에 있는 OB나 심한 러프까지의 거리를 기준으로 난이도 평가
- 워터 해저드 : 샷의 길이, 낙하지대 중심과 그린에지에서 워터 헤저드까지의 거리를 기준으로 난이도 평가
- 나무(홀 상에 나무가 전혀 영향을 주지 않을 경우 0) : 나무크기 및 밀접도, 페어웨이나 그린의 중심으로 부터의 거리, 만회성의 어려움, 홀의 길이에 따라 난이도 평가
- 그린표면 : 그린의 속도와 지형과 경사도에 따라 난이도 평가
- 심 리 : 장애물들이 플레이에 심리적 영향을 미치는 요소들에 대한 평가

계산방법은 다음과 같다.

KGA 코스레이팅은 스크레치골퍼를 기준으로 한 난이도와 거리의 난이도를 평가한 값이다.

KGA보기레이팅 = 전체의 홀 길이(야드)/160(보기골퍼의 평균 샷 길이) + 50.7(보기골퍼의 평균퍼팅수) + 보기골퍼의 장애물 평가 값

KGA슬로프레이팅은 스크래치골퍼를 기준으로 한 KGA코스레이팅과 보기골퍼를 기준으로 한 KGA보기레이팅을 비교 평가한 값이다.

KGA슬로프레이팅 = 5.381 * (KGA보기레이팅-KGA코스레이팅) *
5.381 : KGA슬로프레이팅 평균값인 113을 보기골퍼와 스크래치 골퍼의 평균 스트로크 차이인 21타로 나눈값.

(3) 페리오 방식

파의 합계가 24가 되도록, 6홀의 숨긴 홀을 선택하여 경기 종료 후 그 6홀에 해당하는 스코어를 합하여 3배 더하고, 그 코스의 파를 뺀 80%를 핸디캡으로 한다.[7)]

(4) 신 페리오 방식

페리오방식과 방법은 같지만 숨긴 홀을 12홀로 하여 파의 합계를 48로 한다. 그리고 12홀에 해당하는 스코어합계를 1.5배하고 거기에서 코스의 파를 뺀 80%를 핸디캡으로 한다.[8)]

(5) 캘러웨이 핸디캡(Callaway Handicap System)

미국의 Lionel F. Callaway가 1957년에 고안한 핸디캡 산정 방법으로 경기 참가들이 공인 핸디캡증명을 제출하지 못한 경기에서 비교적 공정한 핸디캡을 경기위원회에서 즉석으로 산출하여 경기를 운영할 수 있다.[9)]

7) 6홀의 스코어 합계가 36인 경우 스코어의 합계가 36이라면 3배 하여 108, 그 합계 108에서 72를 빼면 36, 그의 8할 28.8이 핸디캡이 된다.
8) 12홀의 스코어 합계가 70인 경우: 2홀의 스코어합계가 70이라면 1.5배하여 105, 코스의 파72를 뺀 33의 8할 26.4가 핸디캡이 된다.
9) 산정의 예 : 18홀을 마치고 그로스 스코어가 96인 경우.

제9장 에티켓과 룰

1. 필드 나가기

1) 집에서 준비(check)해야 할 사항
   - 보스톤백 : 속옷, 골프웨어, 모자, 양말, 칫솔, 골프화
   - 캐디백 : 골프클럽, 장갑, 공, 티, 우의, 볼마크, 그린포크, 바람막이, 골프우산
   - 캐디백에 달려 있는 네임택에 이름이 적혀있는지 확인, 골프볼에 표시해놓기
2) 골프장에 적어도 1시간 전에 도착한다.
3) 클럽하우스 정문에서 클럽을 내린다.
4) 주차를 한 후 보스톤백을 들고 클럽하우스 안의 프론트로 간다.
5) 프론트에서 코스와 티오프시간 예약을 확인하고 락카를 지정 받고 선불인 경우에는 그린피를 계산한다.
6) 락카룸에서 옷을 갈아입고 연습그린에서 몸 풀기와 퍼팅연습을 한다.
7) 10분전 첫 홀로 이동하여 티샷 준비(볼, 장갑, 마크, 티)를 한다.
8) 제비뽑기 등의 방법으로 어너와 티샷 순서를 정한다.
9) 정한 순서에 따라 티잉 그라운드의 정해진 구역인 티박스에 티를 꽂고 볼을 얹은 다음 티샷을 한다.
10) 세컨샷은 홀에서 가장 먼 사람부터 순서대로 플레이한다.
11) 그린에 올라 퍼팅을 하기 전에 깃대를 뽑는다.
12) 전원이 홀 아웃을 하고 깃대를 다시 홀에 꽂은 후 곧 다음 홀로 이동한다.
13) 이동하며 이전 홀의 스코어를 확인하여 스코어카드에 기재한다.
14) 다음 홀의 야디지북을 확인하여 전략을 수립한다.

15) 다음 홀에서의 티샷 순서는 이전 홀의 가장 잘 친 사람으로 성적순으로 티샷을 한다.[10)]
16) 중간의 그늘 집 이용은 티오프시간과 성명을 이야기하고 식음료 등을 이용한다.
17) 18홀을 끝마치고 나서 동반자들에게 반드시 인사를 한다.
18) 캐디피를 정산하고 클럽을 개수를 확인하여 캐디에게 사인을 해주고, 클럽 교환권을 받는다.
19) 클럽하우스에 들어가기 전에 신발과 옷을 털고 들어간다.
20) 락카룸에서 옷을 벗고 사우나에서 샤워를 하고, 옷을 갈아 입는다.
21) 프론트에 락카 키를 반납하고 후불인 경우 그린피를 정산한다.
22) 차량을 클럽하우스 정문으로 가져와 클럽교환권을 주고 클럽을 싣는다.

2. 경기 규칙

경기 규칙은 경기 방법에 따라 크게 2가지(매치 플레이, 스트로크 플레이)로 나누어 알아봤다.

(1) 게임(Game)

1) 통칙(General)

골프의 게임은 본 규칙에 따라 1개의 볼을 티잉 그라운드에서 홀에 넣을 때 까지 1 스트로크 또는 연속적인 스트로크로써 플레이하는 것으로 이루어진다.

10) 예: 전홀의 티샷순서 A, B, C, D 전홀의 성적 A = 보기, B = 파, C = 버디, D = 파 이번홀의 티샷순서 C(어너), B, D, A순으로 한다.)

2) **볼에 미치는 영향**(Exerting Influence on Ball)

규칙에 의한 경우를 제외하고 플레이어와 캐디는 볼의 위치 또는 그의 움직임에 영향을 주는 어떠한 행동도 해서는 안된다. 본항의 반칙은 매치 플레이는 그 홀의 패. 스트로크 플레이는 2벌타.[11]

3) **합의의 반칙**(Agreement to Waive Rules)

플레이어들은 반칙의 적용을 배제하거나 부가된 벌을 삭제할 것을 합의해서는 안 된다. 본 항의 반칙은 매치 플레이는 양사이드 모두 실격이 되며 스트로크 플레이는 관계경기자의 실격이 된다.

4) **규칙에 없는 사항**(Points not Covered by Rules)

경기에 관한 쟁점이 규칙에 없는 사항은 형평의 이념에 따라 재정하여야 한다.

(2) 매치 플레이(Match Play)

1) **홀의 승자와 승홀 계산법**(Winner of Hole; Reckoning of Holes)

매치 플레이는 각 홀마다 승패를 결정한다. 본 규칙에 따로 정한 경우를 제외하고 적은 타수로 홀 아웃한 사이드가 그 홀의 승자가 된다. 핸디캡 매치 때에는 적은 네트 스코어인 사이드가 그 홀의 승자이다. 매치 플레이의 승홀을 셈할 때 몇 개 "홀업"(holes up) 또는 비길 때는 "올 스퀘어"(all square) 그리고 몇 개 "투 플레이"(to play) 라고 한다. 홀 업한 승홀 수와 나머지 플레이하여야 할 홀 수가 동일한 때 그 사이드는 도미(dormie)라고 한다.

11) 중대한 반칙인 경우 위원회는 실격의 벌을 부가할 수 있다.

2) 비긴 홀(Halved Hole)

양 사이드가 같은 타수로 홀 아웃하면 그 홀은 비긴다. 플레이어가 홀 아웃을 끝내고 상대가 그 홀을 동점으로 하는데 1 스트로크가 남은 때에는 그 플레이어가 그 후에 반칙을 한 경우에도 그 홀은 비긴다.

3) 매치의 승자(Winner of Match)

매치(위원회가 따로 정한 경우를 제외한 정규의 라운드)에서는 플레이를 끝내지 않은 홀의 수보다 많은 홀을 이긴 사이드가 승자이다. 위원회는 매치의 타이를 해결하기 위하여 정규의 라운드를 매치의 승패가 결정될 때까지 몇 홀이라도 연장할 수 있다.

4) 다음 스트로크, 홀 또는 매치의 양보 (Concession of Next Stroke, Hole or Match)

• 상대 볼이 정지했거나 정지한 것으로 보일 때 플레이어는 상대방이 다음 스트로크로 홀 아웃한 것으로 인정할 수 있으며 그 볼은 어느 사이드에 의해서나 클럽 또는 다른 방법으로 제거할 수 있다. 플레이어는 한 홀이나 그 매치의 종료 전에 어느 때라도 홀 또는 매치를 양보할 수 있다.
• 스트로크의 면제 : 홀이나 매치에서의 스트로크 면제는 거절되거나 철회될 수 없다.

5) 클레임(Claims)

매치 플레이에서 플레이어간에 의문 또는 분쟁이 생기고 위원회의 정당한 권한을 가진 대표자가 합당한 시간 내 현장에 도착하지 못하는 경우 그 플레이어들은 지체 없이 매치를 계속하지 않으면 안 된다. 어떠한 클레임이라도 만약 그것이 위원회에서 그 클레임이 수리되려면 그 매치의 어느 플레이어도 다음 티잉 그라운드에서 플레이하기 전에, 그 매치의 마지막 홀이라면 플레이어 전원이 퍼팅 그린을 떠나기 전에 각각 클레임을 제출해야 한다. 플레이어가 사전에 몰랐던 사실에 입각한 클레임이거나 또는 상대방에 의한 오보인 경우를 제외하고 경기가 시작된 후 제기된 클레임은 접수될 수 없다. 어떠한 경우에도 상대방이 고의로 오보를 하였다는 것을 위원회가 인정한 경우 이외에는 매치의 결과가 공식으로 발표된 후의 클레임도 접수될 수 없다.

6) **일반적인 패널티**(General Penalty)

매치 플레이에서, 본 규칙에 따로 정한 경우를 제외하고 반칙의 벌은 그 홀의 패이다.

(3) 스트로크 플레이(Stroke Play)

1) **우승자**(Winner)

정규의 라운드 또는 그 이상의 라운드를 최소타수로 플레이한 경기자가 우승자이다.

2) **홀 아웃의 불이행**(Failure to Hole Out)

경기자가 어떤 홀에서 홀 아웃을 이행하지 않고 다음 티잉 그라운드에서 스트로크하기 전, 또는 마지막 홀에서 퍼팅 그린을 떠나기 전에 자기의 잘못을 시정하지 않고 그린을 떠나면 그 경기자는 경기 실격이다.

3) **처리에 관한 의문**(Doubt as to Procedure)

a. **처 리**

스트로크 플레이에 한하여 경기자가 한 홀의 플레이 중에 자기권리 또는 볼의 처리에 대하여 의문이 있을 때에는 벌타 없이 제2의 볼을 플레이할 수가 있다. 경기자는 의문이 생겼을 때 다음 행동을 취하기 전에, 본 규칙에 의한다는 그의 결심과 규칙이 허용하면 스코어로 채택하고자 하는 볼을 미리 마커 또는 동반경기자에게 선언해야 된다. 경기자는 두 볼의 스코어가 같은 경우를 제외하고 스코어 카드를 제출하기 전에 그 사실을 위원회에 보고해야 된다. 이것을 이행하지 않으면 경기에 실격된다.

b. 그 홀의 스코어

경기자가 선택한 처리가 규칙에 적합한 것이라면 선택한 볼의 스코어가 그 홀의 스코어가 된다. 만일 경기자가 취한 처리와 볼의 선택을 사전에 마커나 동반경기자에게 통고를 하지 않고 그 원구에 대한 처리가 규칙에 적합한 경우, 원구쪽의 스코어를 채택하지 않으면 안 된다. 다만, 플레이 되고 있는 두 볼이 다 원구가 아닌 때에는 먼저 인 플레이된 볼의 스코어를 채택해야 된다.[12)]

4) **규칙준수의 거부**(Refusal to Comply with a Rule)

경기자가 다른 경기자의 권리에 영향을 주는 규칙이행을 거부할 때 실격이 된다.

5) **일반적인 패널티**(General Penalty)

스트로크 플레이에서는 따로 규정이 있는 경우를 제외하고 반칙의 벌은 2타이다.

12) 만약 경기자가 제2의 볼을 플레이 한 경우, 카운터하지 않기로 재정된 볼을 플레이한것에 의하여 받은 벌타와 계속해서 그 볼을 친 타수는 무시된다.

3. 플레이의 순서(Order of Play)

(1) 매치 플레이(Match Play)

1) 티잉 그라운드

최초의 티잉 그라운드에서 오너를 하는 사이드는 조 편성표의 순서에 의하여 결정되어야 한다. 조 편성표가 없을 때에 오너는 제비뽑기로 정하여야 한다. 한 홀에서 이긴 사이드는 다음 티잉 그라운드에서 오너를 하고, 한 홀에서 동점인 때에는 전 티잉 그라운드의 오너가 그대로 계속하여야 한다.

2) 티잉 그라운드 이외

볼이 인플레이일 때 홀에서 먼 곳의 볼이 먼저 플레이되어야 한다. 2개 이상의 볼이 그 홀로부터 등거리에 있을 경우 먼저 플레이할 볼은 제비뽑기로 정하여야 한다.

3) 순서를 잘못한 플레이

만약 플레이어가 그의 상대방이 플레이해야할 순서에 플레이한 경우, 그 상대방은 즉시 그 스트로크를 취소할 것을 요구, 그로 하여금 바른 순서에 따라 앞서 플레이한 원구가 있던 지점에 되도록 가까운 곳에서 벌타 없이 플레이하게 한다.

(2) 스트로크 플레이(Stroke Play)

1) 티잉 그라운드

최초의 티잉 그라운드에서 오너를 하는 경기자는 조 편성표의 순서에 의하여 결정되어야 한다. 조 편성표가 없을 때에 오너는 제비뽑기로 결정되어야 한다. 한 홀에서 가장 최소의 스코어의 경기자가 다음 티잉 그라운드에서 오너를 하게 하여야 한다. 그리고 두 번째로

적은 스코어의 경기자가 다음 플레이를 하며 이하 순서대로 플레이하여야 한다. 만일 한 홀에서 2인 이상이 같은 스코어인 경우 그 경기자들은 다음 티잉 그라운드에서 그 전 티잉 그라운드에서의 순서와 동일하게 플레이하여야 한다.

2) **티잉 그라운드 이외**[13)]

볼이 인 플레이일 때 홀로부터 가장 먼 곳에 있는 볼이 먼저 플레이되어야 한다. 2개 이상의 볼이 그 홀로부터 동일한 거리에 있을 경우 먼저 플레이할 볼은 제비뽑기로 결정하여야 한다.

3) 순서를 잘못한 플레이 경기자가 타순을 잘못했어도 벌은 없으며 그 볼은 있는 상태 그대로 플레이하여야 한다. 그러나 만일 경기자중의 1 인에게 편의를 제공하기 위하여 경기자들이 규정하고 있는 이외의 순서로 플레이 할 것을 동의한 것으로 위원회가 판단할 경우 전 경기자들은 전원 실격이 된다.

(3) 티잉 그라운드에서의 잠정구 또는 제2의 볼 (Provisional Ball or Second Ball from Teeing Ground)

플레이어가 티잉 그라운드에서 잠정구 또는 제2구를 플레이하는 경우에는 상대방 또는 동반경기자가 첫 번째 스트로크를 한 다음에 하여야 한다. 만일 플레이어가 타순을 지키지 않고 잠정구 또는 제2구를 플레이한 경우에는 적합한 규칙을 적용하여야 한다.

(4) 측정 중 움직인 볼(Ball Moved in Measuring)

어느 쪽 볼이 그 홀에서 먼가를 결정하기 위하여 측정 중에 볼이 움직여진 경우에는 벌이 없으며 그 볼은 리플레이스 되어야 한다.

---

13) 플레이의 방해 또는 원조가 되는 볼, 포볼의 스트로크 플레이 순서

4. 볼을 치는 방법(Striking the Ball)

스트로크란 볼을 올바르게 쳐서 움직일 의사를 가지고 행하는 클럽의 전방으로의 동작을 말한다. 그러나 클럽헤드가 볼에 도달하기 전에 플레이어가 다운스윙을 자발적으로 중지했을 경우 플레이어는 스트로크를 하지 않은 것으로 친다.

(1) 볼은 바르게 칠 것

볼은 클럽의 헤드로 바로 쳐야 하며, 밀어 내거나 끌어당기거나 또는 떠 올려서는 안 된다.

(2) 원조 (Assistance) 플레이

1) 어떤 종류의 물리적인 원조 또는 풍우로부터의 방호를 받아서는 안 된다.
2) 그의 캐디, 파트너 또는 그의 파트너의 캐디를 볼 후방, 플레이 선 또는 퍼트 선의 연장선상이나, 이에 가까운 위치에 세워서는 안 된다.[14]

(3) 인공의 장치와 비정상 용구 (Artificial Devices and Unusual Equipment)

- 플레이어는 어떤 용구의 사용이 규칙에 위반되는지 여부가 의심스러울 때 R&A에 문의하여야 한다. 제조업자는 어떤 품목을 생산하고자 할 때, 플레이어가 정규라운드 동안 그것을 사용할 때 규칙 위반이 되지 않는지 판정받기 위하여 R&A에 견본을 제출해야 한다. 그러한 견본은 참고의 목적으로 R&A의 자산이 된다. 제조업자가 생산, 판매하기 전에 견본을 제출하지 않은 경우 그

14) 본 조 1항 또는 2항의 반칙은 매치 플레이는 그 홀의 패. 스트로크 플레이는 2벌타

제품의 사용이 골프규칙에 위반될 수 있는 위험을 부담하게 된다.

• 규칙에서 정해진 경우를 제외하고, 정규라운드 도중에 플레이어는 인공의 장치와 비정상적인 용구를 사용하여서는 안 된다.

1) 즉 플레이어가 스트로크 또는 플레이를 함에 있어 그에게 원조가 될 수 있는 물건.
2) 플레이에 영향을 줄 수 있는 거리와 상황을 측정 또는 계량하는 목적의 물건.
3) 클럽을 그립 할 때 원조가 될 수 있는 물건.
다만, 다음의 경우는 허용된다.

▷ 평범한 장갑을 끼는 것
▷ 송진, 파우더, 건습제, 가습제 등을 사용하는 것
▷ 타월, 손수건을 그립에 감는 것

본 항의 반칙은 경기 실격.

(4) 두 번 이상 치기 (Striking the Ball More than Once)

만일 1스트로크 중에 플레이어의 클럽이 1회 이상 볼에 맞았을 때 그 스트로크를 1타로 하고 벌 1타를 부가하여 합계 2타로 한다.

(5) 움직이고 있는 볼을 플레이한 경우 (Playing Moving Ball)

플레이어는 볼이 움직이고 있는 동안에 플레이 하여서는 안 된다.
예외 :

▷ 티에서 떨어지고 있는 볼
▷ 두 번 치는 볼
▷ 물속에서 움직이고 있는 볼

스트로크를 시작한 때 또는 스트로크를 하기 위하여 클럽을 후방으로 움직인 때 움직이기 시작한 볼을 쳤을 때 본 항에 의한 벌은 없으나 다음의 규칙들에 의한 벌은 면할 수 없다.

▷ 정지하고 있는 볼을 플레이어가 움직인 경우
▷ 정지하고 있는 볼을 어드레스 후에 움직인 경우
▷ 정지하고 있던 볼이 루스 임페디먼트에 닿은 후에 움직인 경우

(6) 물속에서 움직이는 볼 (Ball Moving in Water)

- 볼이 워터 해저드 안의 물속에서 움직이고 있을 때에는 플레이어는 벌없이 스트로크를 할 수 있다. 그러나 바람 또는 물의 흐름에 의하여 볼의 위치를 개선시키기 위하여 스트로크를 지체하여서는 안 된다.
- 워터 해저드 내의 물속에서 움직이고 있는 볼은 플레이어가 다른 적용을 선택한 경우에는 집어 올릴 수 있다.[15)]

5. 골프 규칙과 위반 사례

(1) 해저드

1) 해저드에서는 그 상황을 테스트하는 행위는 금지되어 있으므로 어드레스로 골프클럽을 모래면(또는 수면)에 갖다 대는 일, 즉 솔(sole)하면 2벌타가 더해진다.

2) 해저드 내에서는 오구(誤球)를 치더라도 고쳐서 정구(正球)를 치기만 하면 타수는 노카운트이다.

3) 벙커 내에서 타구(打球) 후에 모래 면을 고르게 하는 것은 에티켓이나, 미스 숏한 공이 막 고르고 난 사면(砂面)의 원지점으로 되돌아온 경우는 결과적으로 공의 라이(lie)를 고친 것이 되어서 2벌타가 더해진다.

---

15) 본 조 5항 또는 6항의 반칙은 매치 플레이는 그 홀의 패. 스트로크 플레이는 2벌타.

4) 해저드 내에 떨어져 있는 인공물(빈 담배갑 등)은 제거할 수가 있으나 자연물(루스 임페디먼트)은 제거할 수가 없다(2벌타).

5) 벙커 내의 캐주얼워터 안에 있는 공은 무벌(無罰)로 같은 벙커 내에 드롭 할 수 있다.

6) 워터해저드의 공은 1타를 부가(附加)해서 드롭 시켜 칠 수가 있고, 또한 원위치로 되돌아가서 칠 수도 있다.

사례 1.

2010년 3월 29일 미쉘 위가 마지막 날 14번 오른쪽 도그렉 파 5홀에서 세컨샷을 물 건너 그린을 향해 공을 보냈지만 약간 짧아 호수옆에 공이 약간 수면위로 올라 온 채로 멈추어 있는 볼을 샷을 했는데 공은 해저드의 풀 위에 멈추어 있고 실망한 미셸 위는 클럽으로 해저드 풀을 누른 관계로 2벌타를 부여받았다.[16]

〈그림 40〉

16) 골프규칙13-4 해저드 구역 내에서 샷을 하기 전에 클럽 헤드를 지면에 대면 2벌타

왼쪽으로 부터 첫 번째는 미셸 위의 공이 물에 잠긴 모습, 어드레스를 하고 나서(2번 사진), 임팩트시(3번째), 공을 치고 난 후 공은 바로 앞 해저드에 있는데 클럽을 땅에 댄 모습(4번째)이다.

⑵ 퍼팅 그린

1) 퍼팅 그린 위에서는 볼을 마크하고 집어 올려서 닦을 수 있으며 항상 정확한 지점에 리플레이스 해야 한다.

2) 볼 마크와 오래된 홀 자국은 수리할 수 있으나 스파이크(spike) 자국과 같은 다른 손상은 수리할 수 없다.

3) 퍼팅 그린 위에서 스트로크 할 때는 깃대가 제거되었거나 깃대에 붙어서 시중들고 있는 것을 확인하여야 한다. 볼이 퍼팅그린 밖에 있는 경우에도 캐디는 깃대를 제거하거나 깃대에 붙어서 시중들 수 있다.

4) 정지된 볼이 움직인 경우 일반적으로 볼이 인 플레이일 때 우연히 자신의 볼을 움직인 원인이 되는 일을 하거나, 허용되지 않는데 볼을 집어 올리거나, 어드레스한 후에 볼이 움직인 경우 1벌타를 받고 자신의 볼을 리플레이스 한다.

5) 다른 사람이 정지된 자신의 볼을 움직이거나 다른 볼에 의하여 자신의 볼이 움직인 경우 자신은 벌 없이 볼을 리플레이스한다.

사례 2.

박인비(22 · SK텔레콤)가 일본여자골프(JLPGA) 투어 요코하마 타이어 골프토너먼트 PRGR 레이디스컵에서 애매한 룰 적용으로 우승컵을 도둑맞았다. 박인비는 14일 일본 시코쿠 고치현 토사 골프장(파 72 · 6262야드)에서 열린 대회 최종 4라운드에서 8언더파 64타를 쳐

최종합계 12언더파 204타를 기록했다. 이때까지 박인비의 성적은 1위다. 이 경기를 중계한 일본 현지 방송사의 화면에서도 박인비 우승이라는 자막이 나왔다. 그러나 스코어 카드를 접수하기 전 동반자 웨이윤제(대만), 나카타 미에(일본)가 1번홀 그린에서 박인비가 움직인 공을 그대로 플레이했다며 문제를 제기했다. 상황은 이렇다. 1번홀 그린에서 퍼트를 하기 위해 박인비가 공 앞에서 연습 퍼트를 하던 도중 공이 조금 움직였다. 이때 두 가지 상황을 적용할 수 있다. 첫 번째는 플레이어, 파트너, 캐디 또는 휴대품에 의해 볼이 움직인 경우(골프규칙 18-2조 a항)[17)]이고, 두 번째는 어드레스한 후 움직인 볼(18-2조 b항)이다.

일본여자골프투어는 박인비가 연습퍼트를 하는 도중 퍼트를 땅에 내려놓으면서 공이 움직이는 데 영향을 주었다고 판단해 18-2조 a항을 위반했다고 판정을 내렸다. JLPGA는 홈페이지를 통해 "박인비가 1번홀 그린에서 친 첫 번째 퍼트가 핀 50cm 부근에 멈췄다. 박인비는 이어 두 번째 퍼트를 하기 전 연습 스윙을 2회 했고 퍼터가 땅에 닿으며 볼이 1회 반 정도 움직였다"고 밝혔다. 이로 인해 18-2조 a항 위반으로 1벌타를 부과했고, 리플레이스(원위치에서)하지 않고 그대로 플레이해 오소플레이로 1벌타를 더 받았다. 그렇더라도 JLPGA의 판정은 이해하기 힘들다. 퍼터로 공을 건들인 것도 아닌데 공이 움직여 룰을 위반했다는 건 억지성 판정이다. 대한골프협회 우승섭 경기위원장은 "JLPGA의 판정은 벌을 주기 위한 판정처럼 보인다. 상황이 아닌 선수를 보고 룰을 적용했다는 생각을 지울 수 없다"고 말했다. JLPGA도 처음엔 동반자들의 이의제기에 상황을 살펴본 뒤 문제없다는 판정을 내렸다. 그러다 비디오로 판독하자는 의견이 나와 다시

---

17) 골프 규칙집에 의하면 플레이어가 스탠스를 취한 뒤 클럽이 바닥에 닿으면 무조건 어드레스로 간주되며 그 이후 볼이 움직이면 플레이어가 그 볼을 움직인 것으로 간주해 1벌타를 부가한다. 볼이 움직인 상태에서 볼을 다시 원상태 시키면 플레이어는 1벌타만 받고 경기를 진행시킬 수 있지만 움직인 상태에서 그대로 쳤다면 2벌타를 받는다.

VTR로 1번홀 상황을 검토한 뒤 결론적으로 우승자를 바꿔버렸다.

KLPGA 김광배 경기위원장도 "그런 상황이라면 벌타를 줄 상황은 아니다. 비디오 판독만으로 애매하게 룰을 적용한 건 아쉬운 판정이다"고 말했다. 박인비도 억울함을 호소했지만 허사였다. 박인비는 "연습 퍼트를 한 것 뿐인데 볼을 움직이는데 영향을 주었다는 JLPGA의 판정은 억울하며 의사소통이 제대로 이뤄지지 않아 손해를 본 것 같다"고 스포츠동아와의 인터뷰에서 말했다. 결국 박인비는 이날 가장 좋은 성적을 내고도 억울하게 준우승에 만족해야했다. 최종성적 12언더파 204타에서 2벌타를 받아 10언더파 206타가 됐고 웨이윤제(11언더파 205타)는 1타를 더 치고도 행운의 우승을 차지했다.

(3) 장해물

1) 움직일 수 있는 장해물

어느 곳에 있더라도 움직일 수 있는 장해물(즉 고무래, 빈 깡통, 빈 통 등과 같은 움직일 수 있는 인공물(人工物))은 벌 없이 움직일 수 있다. 그렇게 움직인 결과로 볼이 움직인 경우 그 볼은 벌 없이 리플레이스 하지 않으면 안 된다. 볼이 움직일 수 있는 장해물 위에 있는 경우 볼을 집어 올리고 그 장해물을 제거하고 그 장해물 위에 볼이 놓여 있었던 곳의 바로 아래 지점에 그 볼을 벌 없이 드롭 할 수 있다. 다만 퍼팅 그린 위에서는 볼이 있었던 곳의 바로 아래 지점에 볼을 플레이스한다.

2) 움직일 수 없는 장해물과 비정상적인 코스 상태

움직일 수 없는 장해물은 건물이나 인공포장된 도로(그러나 도로와 통로에 관하여 규정한 로컬 룰을 점검한다)와 같은 움직일 수 없는 인공 물체를 말한다. 비정상적인 코스상태는 캐주얼 워터이거나, 수리지 또는 구멍 파는 동물이나 파충류, 새들에 의하여 만들어진 구멍, 쌓인 흙, 통로를 말한다. 볼이 워터 해저드 안에 있을 때를 제외한 볼이 움직일 수 없는 장해물과 비정상적인 코스 상태가 볼의 라이 볼이 자신의 스탠스나 코스에 물리적으로 방해가 되는 경우 그 상태로부터 벌 없이 구제를 받을 수 있다. 따라서 볼을 집어 올려서 '가장 가까운 구제 지점'으로부터 1클럽 길이 이내 수리지 가장 가까운 구제 지점보다 홀에 가깝지 않은 곳에 드롭 할 수 있다. 볼이 퍼팅 그린 위에 있는 경우 그 볼은 가장 가까운 구제지점에 플레이스 한다. 자신의 볼과 움직일 수 없는 장해물이나 비정상적인 코스 상태가 퍼팅 그린에 있을 때가 아니면 자신의 플레이 선상에 그러한 상태가 걸려 있는 경우에는 구제를 받을 수 없다. 볼이 벙커 안에 있는 경우, 추가의 선택 사항으로는 1벌타를 받고 그 벙커 후방에서 같은 조건으로 구제 받을 수 있다.

사례 3.

프로데뷔 10년 동안 유일한 규칙위반

2005년 5월 9일 미국 PGA투어 와코비아챔피언십 4라운드 10번 홀 우즈의 티샷이 오른쪽 러프로 날아갔다. 볼이 멈춘 곳 옆에는 임시담장이 쳐져 있었다. 우즈는 그 담장이 방해가 되므로 억지로 담장을 제거한 뒤 샷을 했다. 임시담장은 '움직일 수 없는 장애물[18)]'이었다. 당연히 장애물에 따른 구제절차를 밟아 드롭한 뒤 샷을 했어야 했다. 그러나 우즈는 '움직일 수 없는' 그 장애물을 치운 뒤 샷을 했으므로 2벌타가 그에게 부과되었다. 이것은 우즈가 규칙(24조2항[19)]) 해석을 잘못해 받은 유일한 벌타였다.

---

18) 생장물 또는 고정물(움직일 수 없는 장애물과 아웃 오브 바운드를 표시하는 물건 포함)을 움직이거나구부리거나꺾는행위를해서는안된다 : 2벌타(13조2항)

19) 움직일수없는장애물에의해방해받을경우구제받을수있다.

사례 4.

2006년 3월 5일. 미국PGA투어 포드챔피언십 3라운드 18번홀(파 4). 우즈의 티샷이 오른쪽 보리수나무아래 멈췄다. 나무 때문에 샷을 하기 곤란한 위치. 그런데 나무 밑으로 들어가 샷을 하려고 보니 발끝에 카트도로가 걸렸다. 우즈는 경기위원에게 "스탠스가 카트도로에 걸린다"고 말했고 경기위원은 지체 없이 '무 벌타 드롭'을 허용했다. 우즈는 엄청나게 라이가 좋아진 상황에서 샷을 한 뒤 파를 잡았다.

이 경우 24조2항b의[20]에 따라 카트도로와 상관없이 나무 때문에 샷을 제대로 할 수 없더라도 나무가 인공장애물이 아니기에 구제 받을 수 없는 경우였다.

(4) 기타 사례들

사례 5.

'깜빡하면 실격' 가장 흔한 스코어 오기

지은희는 작년 US오픈에서 우승을 차지하며 최고의 해를 보냈지만 2차례나 실격을 당하는 아픔을 겪었다. 필즈오픈과 브리티시오픈에서 모두 스코어를 적게 적는 실수를 범한 것이다. 메이저챔피언 양용은 은 2007년 HSBC 챔피언스에서 스코어 오기를 범했다. 최종 스코어는 틀리지 않았지만, 한 홀은 실제 타수보다 적게, 한 홀은 많게 적어 실격됐다. 골프 규칙에서 실제 타수보다 많이 적는 것은 문제가 없지만 적게 적으면 실격이다. 김대섭도 2006년 메리츠 솔모로 오픈에서 트리플보기를 더블보기로 적었다가 실격됐다.

---

20) 24조 2항 b : 플레이어는 움직일 수 없는 인공장애물 이외의 것에 의한 방해 때문에 볼을 치는 것이 어렵더라도 구제받지 못한다.

사례 7.

도구 사용은 안 된다.

안시현도 미국여자프로골프협회(LPGA) 투어 모빌 토너먼트 골프대회에서 황당한 일을 당했다. 캐디를 맡은 정해심 프로가 그린 위에서 수건으로 벌을 쫓다가 2벌타를 받은 것이다. 정씨는 벌이 앉은 곳이 퍼팅 선상을 벗어나 있어 수건을 사용했다고 주장했지만 경기위원은 '라이 개선' 혐의가 있다며 이의 제기를 받아들이지 않았다. 골프 규칙 16조1항에 따르면 '그린 위의 모래, 흩어진 흙과 자연 장애물은 손이나 클럽으로 집어 올리거나 옆으로 쓸어낼 수 있다'고 돼 있다. 그러나 손이나 골프클럽으로 집어 올리지 않고 수건 등 도구를 이용해 쓸어내면 반칙이 된다.

만약 그린 위에 앉은 벌레가 무섭다고 티(tee)로 제거한다면?

이 역시 규칙 위반이다. 1997년 US여자오픈 챔피언 앨리슨 니컬러스(영국)는 올해 US여자오픈에서 티를 사용해 거미를 치웠다가 2벌타를 받았다.

사례 8.

'다시보자 내 클럽' 클럽 관련

앤서니 김은 2008년 HSBC 챔피언스 대회 도중 샷이 마음대로 되지 않아, 들고 있던 드라이버로 땅을 친 뒤 이동했다. 이때 클럽헤드가 변형이 되었으나 이를 모르고 경기하다 경기위원에게 알린 뒤 실격됐다. 정상적인 플레이가 아닌 상황에서 클럽이 변형됐을 경우 이 클럽은 사용할 수 없다.

강욱순은 지난해 SK텔레콤오픈에서 규정 클럽 수(14개)보다 많은 클럽을 갖고 플레이하다 4벌타를 받았다. 강욱순은 나중에야 골프백에 못 보던 클럽이 들어있어 자진신고를 했지만 이미 4홀을 치렀기 때문에 1홀 당 1벌타 씩 4벌타를 받았다. 그대로 라운드를 마쳤다면 실격이 될 뻔했다.

사례 9.

카트한번 잘못타 눈물의 실격…경기 도중에 카트타고 이동은 룰 위반.

골프 부속규칙 9조 이동수단에서는 '플레이어는 위원회가 허가하지 않는 한, 정규 라운드 중 어떤 형태의 이동 수단도 이용해서는 안 된다. 본 조건의 위반에 대한 벌은 스트로크 플레이에서 위반이 있었던 각 홀에 대하여 2벌타를 과한다. 다만 벌타 수는 1라운드에 최고 4타까지로 한다'고 되어 있다. 지은희와 김주미, 오지영과 안젤라 박이 정해지지 않은 홀에서 카트를 타고 이동하는 똑같은 실수를 저질렀지만 지은희와 김주미는 2벌타를 받지 않은 상태에서 스코어카드를 접수해 스코어 오기로 실격 처리됐다.

(5) 개정된 룰

현재 공식적으로 사용 되는 룰은 34개 조항이다. 초창기 13개 조항이었던 것과 비교하면 3배에 달한 것으로 골프 규칙은 꾸준히 변화되고 있다. 골프룰은 영국왕립골프협회(R&A)와 미국골프협회(USGA)가 4년마다 개정한다. 이번 개정된 룰들은 대부분 억울한 벌타를 줄이는 것에 초점을 두는 것으로 벌타 규정의 완화라고 볼 수 있다.

2008년 1월 1일부터 개정되어 시행되고 있는 조항

① 거리 정보교환은 어드바이스가 아니다.
Q: '홀까지 거리가 얼마나 남았을까?'
A: '130야드 정도 남았다고 보면 되겠네.'

플레이 중 거리에 대한 대화는 예전 8조 1항 어드바이스 금지조항에 의거하여 2벌타 받았던 것이 무벌타로 변경되었다. 공식대회에서 동반자와 동반자의 캐디에게도 거리를 물어 볼 수 있다. 이것은 남은 거리보다 선수의 기술적인 문제로 해석한 결과다. 앞으로 선수들끼리 거리에 대한 정보도 교환 할 수 있다.

② 해저드 안에서도 볼을 확인 할 수 있다.
Q: 어떤 것이 내 볼이지?
A: 볼을 확인하고 오구를 치지 말아야 한다.

해저드(벙커나 워터해저드)에서 자신의 볼인지 식별하지 않고 쳐서 OB가 날 경우 그 볼이 누구 것인지도 모른 체 플레이어가 결과를 고스란히 안아야 하는 문제가 있었다. 하지만 올해부터 해저드 내에서 자신의 볼을 확인하기 위하여 집어 올린 경우 1벌타를 받던 것이 삭제되어 볼 식별이 가능하게 되었다. 해저드 안에서 오구를 쳤을 때 2벌타(스트로크 플레이)를 받게 된다. 자신의 볼인지 확인한 후 아니면 리플레이스하고 맞으면 샷을 하고 오구 플레이를 방지하자는 것이다.

③ 플레이어에 부딪힌 공은 1벌타로 수정
Q: 볼이 나무에 맞고 튕겨서 내 몸에 맞았다.
A: 2벌타가 아닌 1벌타 받게 된다.

플레이어가 친 볼이 플레이어 자신이나 파트너(팀 경기에서 같은 편)의 캐디나 장비에 맞을 경우 지금까지는 스트로크 플레이에서 2벌타, 매치플레이에서는 그 홀의 패가 선언 되었다. 그런데 2008년부터는 두 경기 방식 모두 1벌타만 받으면 된다. 이 경우는 14개의 클럽을 초과했을 경우처럼 선수들이 가장 많이 범하는 실수중 하나이다.

④ 교체된 볼

Q: 오구(誤球)플레이와 오소(誤所)플레이에서 규칙을 어기면 4벌타인가?

A: 2벌타만 적용받게 된다.

플레이어가 볼을 잘못 바꿔 플레이 했을 때와 오소에서 쳤을 때 이중으로 배가된 벌을 받았던 규칙을 수정하였다. 즉, 다른 볼로 교체가 허용되지 않는데 플레이어가 오구를 1회 이상 스트로크 한 경우 2벌타(15-3b)와 오소에서의 플레이에 (20-7c)는 2벌타로 총 4벌타를 부과 받았던 것이 2벌타로 완화되었다. 또 오소에서의 플레이에 관한 규칙은 오구의 플레이에 관한 규칙과 함께 수록 되어 있었는데 1984년에 오소에서의 플레이는 규칙 20으로 옮겨져 현재의 비중 있는 규칙으로 남게 되었다.

⑤ '퍼트선'을 밟아도 벌타를 받지 않을 수 있다.

Q: 모르고 밟았는데...

A: 의도적인 것이 아니기 때문에 벌타를 부과하지 않는다.

이 조항은 재정에 의해서만 허용됐으나 규칙으로 명문화했다. 플레이어는 퍼팅 그린 위에서 퍼트선 혹은 후방 퍼트선의 연장선에 걸터 서거나 한쪽 발이라도 그 선을 밟고 서는 스탠스로 스트로크 할 경우 2벌타(스트로크플레이)를 받아야 했으나 올해부터는 고의성이 없거나 동반플레이어의 퍼트선을 밟지 않으려고 움직이다가 우연히 밟을 경우 벌타를 부과하지 않는다. 퍼트선은 홀을 넘어서는 연장되지 않는다. 따라서 홀을 넘어 앞에 있는 볼을 자신의 앞으로 스트로크 하는 경우는 규칙 위반이 아니다.

2010년 개정된 조항

2010년 시즌을 앞두고 두 기구는 '골프규칙 재정 주요 변경내용'을 발표하며, 28개의 재정세칙을 추가했고, 51개를 개정했으며, 1개는 폐지했다. 그 중에서 가장 큰 화두는 바로 그루브(Groove · 클럽 페이스에 파인 홈) 제한규정이다. 새 규정은 로프트 21도 이상인 5번 아이언부터 웨지까지 그루브의 홈 깊이를 0.508㎜ 이하로 제한하고 직각 형태 단면을 금지했다.

이 작은 변화는 선수들의 경기력과 전략에 직접적인 영향을 미친다. 우선 페어웨이를 놓치면 어프로치샷이 더 어려워진다. 장타보다는 정확성을 중요시해야 하기 때문에 투어 선수들의 전체적인 비거리가 감소될 가능성이 크다. 또한, 볼의 스핀이 떨어지게 되는데 이는 그린에 볼을 곧바로 멈춰 세우는 것이 어려워진다는 것을 의미한다.

개정된 규정

① 캐디가 퍼팅 선을 가리키기 위해 그림자를 지게 했다면?

올해부터 허용된다. 다만 스트로크하기 전에 그림자를 제거해야 한다는 조건으로 이를 어길 경우 2벌타를 받는다.

② 손바닥으로 퍼트 선상의 루스 임페디먼트를 쓸어내는 행위를 했다면?

자신의 퍼트라인 선상에 놓인 낙엽이나 모래 등을 '루스 임페디먼트'라고 한다. 지난해까지 골프 룰은 자신의 퍼팅 라인 선상에 놓인 낙엽이나 모래 등을 퍼팅 전에 손이나 클럽, 수건 등으로 치울 수 있도록 하면서 손바닥으로 그린의 지면을 누르거나 접촉하는 등의 행위는 금지했었다. 이를 어길시 골프 규칙에 의해 2벌타를 부과했다. 그러나 2010년부터는 플레이어가 그린에 손을 데었더라도 지면이 눌려지지 않았다면 룰에 어긋나지 않는다. 퍼팅 그린 면이 문질러졌어도 그린 면을 테스트할 의사를 가지고 한 것이 아니면 무방하다.

③ 퍼팅 그린에서 캐디가 볼을 볼 마커 뒤에 놓은 경우는?

그린에서 플레이어가 집어올린 볼을 캐디가 놓을 경우 '인플레이 볼'로 보지 않는다. 그러나 그 볼을 플레이하면 선수는 벌타를 받게 된다.

첫 번째 상황은 먼저 캐디가 인플레이로 할 의사를 갖지 않고 놓은 볼을 플레이어가 경기를 하면 '오구 플레이'가 돼 2벌타를 받는다. 두 번째 상황은 캐디가 인플레이로 할 의사를 갖고 놓은 볼을 플레이어가 스트로크를 한 경우로 '오소에서의 플레이 2벌타'와 '허용되지 않은 사람이 리플레이스한 1벌타'를 합해 3벌타를 받는다. 즉, 선수가 마크하고 집어든 볼은 반드시 선수가 리플레이스 해야 한다는 것을 강조하기 위해 개정된 조항이다.

추가된 규정

① 볼과 관계없는 다른 벙커를 정리할 수 있을까?

골프규칙은 '벙커 안에 있는 볼을 치기 전에 그 벙커 또는 다른 비슷한 벙커를 테스트해서는 안 된다'고 규정해 위반하면 2벌타를 받았다. 그러나 올해부터는 볼과 관계없는 벙커는 단순히 정리하기 위한 목적이라면 치기 전이라도 고를 수 있도록 변경됐다.

② 플레이어가 볼에 그늘이 지게 하기 위해 골프백을 놓은 경우는?

'물리적인 원조를 받거나 자연 현상의 비바람을 피하기 위하여 다른 사람으로부터 보호를 받아서는 안 된다'는 골프규칙을 위반하는 상황으로 2벌타를 받는다.

③ 자신의 캐디가 잡고 있는 고무래에 볼이 맞았을 경우는?

코스 위에 놓아 둔 고무래와 같은 물건은 플레이어의 휴대품이 아니고 언제나 국외자이기 때문에 벌타는 없다.

④ 리플레이스한 볼이 굴러 그린에 있는 다른 볼과 접촉한 경우는?

지금까지는 그린 위에서 볼을 집어 올렸다가 다시 내려놓은 볼이 움직여 동반자의 볼과 접촉할 경우 골프 규칙에 의해 2벌타를 부과하는 것으로 했으나 명확한 세칙이 없어 판정에 어려움을 겪어왔다.

하지만 올해부터는 골프규칙(스트로크 후 움직이고 있는 플레이어의 볼이 정지해 있는 다른 인 플레이 볼에 의하여 방향이 변경되거나 정지된 경우)를 위반하는 상황이 아니기 때문에 벌타는 없다. 리플레이스 한 볼은 '스트로크 후'의 볼로 간주되지 않기 때문이다.

6) **에티켓과 룰을 정리하며**

골프는 말 그대로 신사들의 스포츠이다. 그래서인지 유독 에티켓이나 매너에 관한 룰이 많다. 또한 이러한 룰은 세계적으로 통일되었으며 4년마다 개정된다. 골프의 가장 큰 특징은 넓은 코스에서 심판원이라는 감시자 없이 경기자 자신이 자주적인 행동과 매너로서 게임에 임해야 한다는 것이다. 그러므로 골프 플레이어는 골프의 매너와 규칙을 정확히 알고 이해하는 것이 매우 중요하다.

찾아보기

골프용어 정리(A–Z)

1. **어드레스**(Address) : 플레이어가 볼을 치기 위하여 발의 위치를 정하고 클럽헤드를 지면에 놓아 둔 채로 있는 상태이며 보통은 볼에 클럽페이스를 가까이 겨루는 것을 말한다.

2. **어드바이스**(Advice) : 플레이어에 대한 결단, 클럽의 선택, 스트로크의 방법에 대해서 조언하는 것을 말한다. 룰에 대한 조언은 이에 해당하지 않는다. 플레이어에게 어드바이스를 하거나 플레이어가 그것을 받아들이거나 하면 벌점 2타를 부가하게 된다.

3. **알바트로스**(Albatross) : 1홀의 기준타수보다 3타 적은 수로 홀인하는 경우, 가령 파(Par) 5의 홀을 2타로 넣었을 경우가 이에 해당한다.

4. **어프로치**(Approch) : 그린에 가까운 지역에서의 샷, 어프로치 샷, 칩, 피칭, 런닝 어프로치 등.

5. **아크**(Arc) : 스윙에서 클럽 헤드가 휘둘러지는 궤도.

6. **버디**(Birdie) : 한 홀에서 기준타수보다 1타 적은 타수로 홀인하는 것.

7. **블라스트**(Blast) : 벙커에서 모래를 폭발시키듯, 크게 치는 것으로 익스플로우션 · 샷과 같다.

8. **블라인드 홀**(Blind Hole) : 티 그라운드에서 그린이 가리워져 보이지 않는 홀.

9. **블로**(Blow) : 강타, 힘을 들여 치는 것을 말한다.

10. 보기(Bogey) : 기준 타수보다 하나 많은 타수를 뜻하며, 영국(英國)에서는 스크래치 플레이어가 낼 수 있다고 생각되는 기준타수(基準打數)를 말한다.

11. 브라시(Brassie) : 우드(Wood)의 2번 클럽. 드라이버보다도 1인치쯤 짧고, 로프트도 많다.

12. 버피(Buffy) : 우드 클럽의 4번. 스푼보다 헤드가 조금 작고 또 로프트는 크다.

13. 캐리(Carry) : 볼이 공중을 날으는 거리.

14. 칩 인(Chip in) : 칩 · 샷으로 볼이 홀에 들어가는 것

15. 칩 샷(Chip shot) : 어프로치 샷의 일종으로 극히 단거리에서 핀(깃대)을 향하여 치는 샷이다.

16. 클로우즈드 스탠드(Closed Stance) : 기본이 되는 스탠스의 일종으로 볼의 비행선과 평행한 가정선(假定線)에서 오른발을 약간 뒤쪽으로 끌어 딛고 서는 스탠스.

17. 컴팩트(Compact) : 정확하고 빈틈없는 완전한 스윙을 말한다.

18. 커밍 인(Comming In) : 코스 후반의 아홉 홀을 말하며, 인(in)이라고도 한다. 클럽하우스로 되돌아오도록 설계되어 있는것이 보통이다.

19. 크로스 벙커(Cross Bunker) : 페어웨이를 가로지르듯이 설치된 벙커

20. 드롭(Drop) : 규정에 의해 볼을 주워서 이것을 다른 위치에 떨어뜨리는 것. 떨구는 방법은 똑바로 서서 볼을 들고 어깨 높이에서

팔을 완전히 펴서 떨어 뜨려야 한다.

21. **이글**(Eagel) : 1홀의 기준 타수보다 2타 적은 타수(打數)로 홀인하는 것.

22. **에지**(Edge) : 홀, 그린, 벙커 등의 가장자리를 말한다.

23. **이븐**(Even) : 타수가 같을 때 또는 승패를 서로 가리기 어려울 때를 말한다. 이븐 파라 하면 파가 동수인 것.

24. **익스플로우전 샷**(Explosion shot) : 벙커에 볼이 떨어졌을 때 모래와 함께 강타해서 그 힘으로 볼을 모래와 함께 벙커로부터 탈출시키는 샷.

25. **엑스트라 홀**(Extra Hole) : 규정된 홀로 승패가 결정되지 못해서 연장전을 할 때 쓰이는 홀.

26. **페이드**(Fade) : 친 볼이 낙하할 때 힘이 약해지면서 오른쪽으로 커브하는 것. 아이언 타법의 하나.

27. **포워드 프레싱**(Foward Pressing) : 백스윙을 하기 전에 탄력을 얻기 위하여 하는 예비 동작

28. **고블**(Gobble) : 그린 위에서 과감히 공을 홀에 강타해서 넣는 것.

29. **그로스**(Gross) : 핸디캡 수를 계산치 않은 라운드의 총타수. 토틀이라고 함.

30. **하프 샷**(Half Shot) : 풀 스윙의 반 정도의 힘으로 치는 샷. 거리에 따라 백스윙을 줄여서 타구하는 것을 말한다.

31. **훅**(Hook) : 우타자의 플레이어의 경우, 타구가 볼의 비구선보다 왼쪽으로 커브하는 것.

32. **인 바운드**(In bound) : 플레이 할 수 있는 구역. 플레이 금지구역(OB)의 경계선은 보통 흰색으로 표시됨.

33. **인텐셔널**(Intentional) : 의식적으로 볼을 커브로 타구하는 것을 인텐셔널 슬라이스라고 하는 것과 같다.

34. **인터로킹 그립**(Interlocking grip) : 비교적 힘이 약한사람에게 적합하며 오른손의 소지를 왼손의 인지 밑으로 넣어 클럽을 잡는다.

35. **래털러 워터 헤저드**(Lateral water hazard) : 홀에 병행해 있는 개천, 연못 등 장애물.

36. **렝스**(Length) : 거리.

37. **라이**(Lie) : 떨어진 볼의 위치 또는 상태.

38. **로프트**(Loft) : 클럽 페이스의 경사 또는 각도.

39. **룩 업**(Lock up) : 헤드 업. 볼을 친 순간 고개를 들어 목표 방향을 주시하는 것. 좋지 않은 버릇을 시정하여야 한다.

40. **내추럴 그립**(Natural Grip) : 그립의 한 방법으로 야구배트를 쥐듯이 쥔다. 열 손가락으로 그립하며, 일명 베이스 볼 그립이라고 함.

41. **오비**(O·B) : 아웃 오브 바운즈(Out of Bounds)의 약자. 코스 주변에 흰 말뚝으로 표시한 플레이 금지 구역을 말한다.

42. **오브스트럭션**(Obstruction) : 장애물. 인공적 장애물을 코스에 설치했거나 방치한 것.

43. **온 그린**(On green) : 볼이 그린위에 올라 있는 것.

44. **오픈 페이스**(Open face) : 클럽페이스를 수직보다 조금 벌어진

기분으로 두는 것. 어프로치 샷 등에서 사용한다.

45. **오픈 스탠스**(Open stance) : 오른발을 왼발보다 조금 볼 쪽으로 내놓고 목표를 향해 취하는 발의 자세로 스퀘어 스탠스, 클로즈드 스탠스와 함께 기본적 스탠스의 하나이다.

46. **오버래핑 그립**(Overlapping grip) : 오른손의 소지를 왼손의 인지와 중지사이에 넣고 클럽을 잡는 방법.

47. **팜 그립**(Plam grip) : 야구 배트를 쥐는 것과 같이 양손의 손바닥으로 잡는 방법.

48. **피치 앤드 런**(Pich and run) : 볼이 낙하 후에 구르도록 치는 타법으로 어프로치 샷의 일종이다.

49. **피치 샷**(Pitch shot) : 쇼트 어프로치의 기술로서 아이언 클럽으로 백스핀을 걸어 볼을 높이 쳐올려 그린 위의 목표지점에 떨어진 후 정지하도록 치는 타법.

50. **프로비져널 볼**(Provisional ball) : OB나 워너 해저드에 볼이 들어가거나 분실했을 때 그 위치에서 대신 치는 볼.

51. **풀**(Pull) :오른손잡이의 경우는 친 볼이 왼쪽으로 곡선을 그리며 커브하는 것.

52. **푸시**(Push) : 목표보다 오른쪽으로 쳐 내는 것.

53. **푸시 샷**(Push shot) : 다운 블로우로 미는 듯 한 타법을 하는 것. 볼은 낮게 날아간다.

54. **쿼터 스윙**(Quarter swing) : 백 스윙을 풀 스윙의 1/4정도로 하는 것.

55. **리커버리 샷**(Recovery shot) : 실책을 한 나쁜 샷을 만회하기 위해 다음 잘치는 샷을 말한다.

56. **러프**(Rough) : 그린 및 헤저드를 제외한 코스내의 페어웨이 이외의 바깥에 있는 부분. 풀이나 나무 등을 손질하지 않은 지역.

57. **스쿠프**(Scoop) : 아이언 클럽으로 볼을 떠올리듯이 쳐 올리는 것.

58. **사이드 블로**(Side Blow) : 공 옆을 쳐서 튀겨 보내듯이 치는 것.

59. **싱글**(Single) : 경기에서 2인이 라운드 하는 것. 또 핸디캡이 9이하 1까지의 플레이어를 말한다.

60. **슬라이스**(Slice) : 우타자(右打者)일 경우 볼이 오른쪽으로 스핀해서 비구선보다 오른쪽으로 커브 하는 것.

61. **솔**(Sole) : 클럽헤드의 바닥에 닿는 부분. 솔한다는 것은 그 부분을 지면에 붙이는 것을 말한다. 벙커에서는 솔해서는 안된다.

62. **스퀘어스탠스**(Square stance) : 스탠스의 기본이 되는 세가지 중의 하나로 비구선과 평행하게 두 발의 위치를 정하는 자세.

63. **테이크 백**(Take Back) : 클럽을 치켜드는 것. 백스윙과 같은 뜻.

64. **톱**(Top) : 볼의 상부를 치는 것. 백스윙의 정점.

65. **톱 오브 스윙**(Top of swing) : 백스윙의 최정점(最頂点).

66. **트랩**(Trap) : 볼이 쳐 박히는 벙커나 웅덩이의 장애물.

67. **트러블샷**(Trouble shot) : 치기 곤란한 러프 등에서 치는 것.

68. **언 콕크**(Uncock) : 스윙할 때 콕크(굽게)한 손목을 원상태로 다시 펴는 것.

69. **업플레이어블 라이**(Unplayable Lie) : 공이 치기 불가능한 지역에 들어간 경우나, 플레이를 하기 힘든 상태에 놓였을 때의 공의 위치.

70. **웨이트 쉬프트**(Weight shift) : 스윙의 과정에 있어서 체중이동의 상태를 말한다.

참고문헌

골프 룰의 역사 USGA, 〈http://blog.naver.com/〉 2010년 1월 18일 검색.

김경수(2010). 스코어를 줄이는 골프규칙 100, 한국경제신문사.

김성수(2006). 골프 스윙의 원리, 전원문화사.

김장우(2009). 골프 입문에서 싱글까지, 글로세움.

김창원 · 우병훈(2007). 퍼팅 스트로크시 숙련도에 따른 변이성, 한국골프학회지, 제1권, 제2호.

김홍구(1998). 골프란 무엇인가, 한국 경제 신문사.

대한 골프협회 골프규칙, 〈http://www.kgagolf.or.kr/data〉 2010년 2월 1일 검색.

리더스 골프, (주)리더스회원권거래소, 〈http://blog.naver.com/〉 2010년 1월 20일 검색.

박경호 · 옥 광(2009). 영국 골프의 기원과 조직화, 한국골프학회지, 제3권, 제2호.

박경호(2009). 126타에서 70타까지, KPGS.

박영진(2004). 골프: 시작에서 완성까지, 아카데미북.

박찬희(2006). POWER 골프이야기, 도서출판 무지개사

서울스포츠대학원대학교(2005). 탄탄한 기초를 위한 골프 입문서, 오성 출판사.

이고은 · 옥 광(2009). 미국 여성골프의 사회문화적 진화, 한국골프학회지, 제3권, 제2호.

이상무(2010). 이상무의 왕초보 골프 가이드, 삼호미디어.

이신(2006). 더 퍼팩트, 가림출판사.

이종문(1999). 최신골프입문, 국일미디어.

이호근 · 신수용 · 김선종 · 신현규(2003). 골프의 기원과 형성과정 연구, 한국체육철학회지, 제11권 제1호.
전욱휴(2004). 전욱휴의 PGA실전 숏게임, 영진닷컴.
정영호(2003). 아마 골프 가이드, 가림 M & B.
정호권(2007). 레저와 골프, 한울출판사.
조병섭(2006). 실전 골프입문, 대경북스.
차병기(2006). 스코어를 확실하게 줄일 수 있는 골프 연습, 고려닷컴.
최상범 · 김진태(2008). 골프의 기본원리: 싱글 골퍼가 되기 위한, 광림북하우스.
현준선(2006). 스윙 플레인의 원리, 삼호미디어.
Michael V(2001). History of Sports, Golf, New York: Lucent Books.
Steve Newell(2001). The Golf Instruction Manual, London: A Dorling Kindersley Book.
Story of Golf, 〈http://golf.textcube.com/169〉 2010년 3월 2일 검색.

골프의 이론과 실기

저 자 : 옥광
발생처 : 충북대학교 출판부
발행인 : 김승택
주 소 : (361-763) 충북 청주시 흥덕구 성봉로 410
전 화 : (043) 261-2952, 3014
팩 스 : (043) 274-1256
이메일 : presscbu@chungbuk.ac.kr
등 록 : 제1983-2001-7호
초판1쇄: 2010. 8. 31.
인쇄처 : 삼성디자인기획 042)221-3111

* 이 저서는 2008년도 충북대학교 학술연구지원사업에 의하여 발행되었음(This work was supported by the research grant of the Chungbuk National University in 2008).

ISBN 978-89-7295-177-3 93690

값 10,000원